# 好運
# 方程式

運の方程式　チャンスを引き寄せ結果に結びつける科学的な方法

**行動力・察覺力・持續力・恢復力**

**運用科學化練習，抓住好運、翻轉人生**



——譯

# 前言

## 人生其實是一場「運氣遊戲」？

# 影響人生成功的最大因素是什麼？

成功的人生，需要什麼要件？

自古以來一直有人對此問題深感興趣，並在科學的世界進行了許多研究。收入多且身居高位，在工作上也持續獲得重大成就，像這樣的成功人士，到底有什麼祕密呢？

這個問題的答案因研究者而異，現存的說法包括以下這些，例如完成困難任務的能力、以成長爲目標而不輸給失敗的心態，以及情緒控管和共感力等等。無論哪一種想法，都是基於龐大的數據，並各自堅持「這才是成功的祕密」，展開有說服力的議論。

不過，近年來，主要來自經濟學和風險分析的領域，開始有人提出關於人生成功的新見解，如下所述：

**「我們的成功，大部分是靠『運氣』，而非能力決定的。」**

與生俱來的智能和溝通技能等個人能力，固然也很重要，然而比起這些能力，**預期之外的幸運，對人生的影響更為重大**。

確實，很多人都曾感受過運氣的重要性。

每個人應該都有得到好運幫助的經驗，例如無意中抽獎中獎，或是偶然得到的情報與工作有關連，又或者遇到困難時，剛好有人適時出現予以幫助。如果沒有在適當的時機受惠於機會，不管有多努力、多麼天賦異稟，都很難有大成就。

許多名人也相信運氣的力量，例如比爾・蓋茲（Bill Gates），他因出生在富裕家庭的優勢，進入私立的男子名校湖濱中學（Lakeside School）就讀。該校在一九六八年，因引進了電腦的先進教育而聞名，蓋茲在這裡學習程式設計，讓他比任何人都更早認識到軟體的重要性。

而且，蓋茲創立微軟之後，還受到幸運之神的眷顧，他的母親因與ＩＢＭ董事長有交情，儘管當時微軟還是一家小規模的新創公司，ＩＢＭ還是和他締結大型契約。蓋茲本人也曾表示，如果沒有這些機會，「微軟就不會存在這個世上」，這似乎也能看出，他認同幸運的重要性，而且和才能、努力同樣重要。

同樣地，Google的創辦人謝爾蓋・布林（Sergey Brin）和賴利・佩吉（Larry Page），雖然他們在九〇年代試圖以一百萬美元出售他們的公司，但幸運的是，他們與交易對象Excite公司未達成協議、談判破裂。多虧如此，兩人創造的網路搜尋技術保有獨特性，隨後Google建立了帝國而聞名於世。在這當中雖然也有名人自豪自己的才幹，但似乎仍**有不少成功者都認同運氣的重要性**。

## 名為「人生」的運氣遊戲

「想那些事也沒用吧？」

應該有很多人這麼想吧。所謂的「運氣」，本來的意思應該是指，無論意志或努力如何，都無法控制的偶然發生事件。就算人生的運氣再怎麼重要，但去想一件不能控制的事，也沒有意義吧？會這麼想很正常。

事實上，當我們環視周圍，就會發現這個世界充滿了「無法改變的命運」。讓我們來看一些代表例子吧。

### ◉你的收入有一半取決於出生的國家

根據經濟學家布蘭科・米蘭諾維奇（Branko Milanovi）等人對一一八個國家收

入水準的調查研究顯示，全世界大約一半的收入差距，可以用當事人居住的國家，和該國所得分布來說明[1]。當然，**出生在先進國家的人年收較高**；而其他國家的年收則較低。

## ◉長相會影響你的收入和滿意度

**天生相貌好的人，總體來看的收入和人生滿意度具有較高的傾向**。根據經濟學家丹尼爾・哈默梅什（Daniel S. Hamermesh）等人的調查，相貌越好的人收入越高，平均來說，比起平均值外貌的人，美女多賺8%，而俊男則多賺了4%左右[2]；相反地，被判定為長相屬於低級距15%的女性，其收入比平均值外貌的女性低了4%，而男性則比相同數值低了13%。同時，有55%的俊男美女回答「對人生很滿意」，而長相排名低的人們，數值則僅止於45%。

## ◉你的收入和地位由天生的數學能力決定

根據研究大約五千個美國人的結果顯示，**在孩童時期數學成績較好的人，在35**

**年後的地位和收入也有較高的傾向**[3]。具體來說，據說在十三歲時數學成績排名前1%的人，在三十五年後成爲知名學者或CEO的機率較高，其成就比不擅長數學的人高出400%。類似的現象在全世界都得到證實，我們可以說數學能力對人生的成功，影響相當大。

## ◉你的地位受到出生月份的影響

根據上海交通大學等團隊，針對在中國工作的CEO進行的調查顯示，出生在三月或四月的人，有23.2%在成人後成爲企業的高層，而出生於六月或七月的人，成爲CEO的比例則是12%[4]。

會發生這樣的現象，一般認爲是因爲九月是中國的國小入學季，所以六月和七月出生的兒童，在入學時比其他月份出生的同學，稍微幼小一些。因爲小學生的年紀相差一年，就會導致能力有較大差距，因此夏天出生的孩子，不可避免地在學校生活會處於劣勢。這樣的體驗直到他們成人了還持續產生影響，最後呈現的現象就是CEO的就任率差距。

## ◉ 你的名字會影響人生的成功

你生來擁有的名字，也會對人生產生影響。在紐約大學等機構所做的實驗中，要求參加者對隨機選擇的五百名律師，評價他們的名字發音容易度和好感度。分析此數據顯示，約有1.5%的律師之所以成功，是受了名字發音容易度的影響[5]。

這個現象是因爲大部分的人喜歡易讀的名字，**無意識中會對容易發音的名字有好感**。雖然這只是微小的差異，但可以說，父母爲我們取的名字對人生的成功產生了顯著性差異，這還是值得關注的重點。

## 「運氣遊戲」也有攻略法

上述介紹了幾項個人力量無能爲力改變的「運氣」例子。儘管我們無法透過努力改變長相、出生月份等因素，但這些因素卻會對你的人生有或大或小的影響。

除此之外，左右人生成功的「運」，像山一樣存在，包括天生的性格、運動能力、雙親的學歷等等，族繁不及備載。人生果眞可以說是一場「運氣遊戲」。

但是，就此放棄人生也操之過急了。近年來從科學的觀點來看待「運氣」的研究有所進展，我們**漸漸明白如何吸引良好偶然機會的方法**。雖說人生的確是一種「運氣遊戲」，但只要習得特定的技能，要以有利的方式進行遊戲也並非不可能。

當然，這不是占卜或靈性那一類的事。在這十幾年，赫特福德大學的心理學系、倫敦政經學院的社會學系等一流機構的團隊，致力於以科學方法對「抓住好運的方法」進行調查，取得了一定的成果。普林斯頓高等研究院等機構是世界屈指可數的學術機構，甚至在內部創立了專門的調查機構「幸運實驗室」（luck lab），可見「運氣」的研究受到大家的矚目。如果科學的力量能夠幫我們改善運氣，這些知識就是非用不可的手段。

那麼，這些機構對於「幸運」的機制是如何思考的呢？

雖然不同研究者各有微妙的差異之處，但他們對於「掌握運氣的方法」，基本的見解可總結如下所述。

**「幸運＝（行動×多樣＋察覺）×恢復」**

詳細內容我們將從下一章開始確認，但這個方程式是來自筆者整合最新的「運氣」研究知識。在本書中，我將介紹如何以此公式爲基礎，施展必要的技能來抓住好運。

## 本書的使用方法

本書將抓住好運所需的能力分為四類，分別是行動力、察覺力、持續力和恢復力，並介紹了幾種鍛鍊這些能力的訓練方法。你可以自由選擇從哪裡開始努力，不過可能也有人會想要「選擇訓練的指導方針」吧。

在這種時候，要先弄清楚你現在擁有的能力水準，並請從自己可能不足的地方開始努力。**要把「好運方程式」運用自如，改善你不擅長的地方，會比發揮你現在的長處更重要。**這麼做能夠大幅提升抓住好運的能力。

因此，首先希望你使用的是「幸運技能診斷」。這是由24個問題組成的測驗，回答所有問題可以判斷你抓住好運的能力有多高。

進行測驗時，請閱讀以下文章，並以七個等級來計算自己是否符合的分數。「完全不符合」是1分；「完全符合」則是7分。

# 幸運技能診斷

1. 很多事只要感到有趣就會去做，即使不知道什麼時候能派上用場
2. 總是在尋找新體驗的機會
3. 了解自己對什麼事物容易感興趣和關注
4. 與不親密的對象，也能維持廣泛的聯繫
5. 即使不太熟悉的人，也能提出委託或請求
6. 無論怎樣的年齡、性別或想法，都能建立廣泛的人際關係
7. 被周圍的人說「你經常注意到細節」
8. 經常在工作或私人生活中有疑問，並向他人提問
9. 個性不易對芝麻小事感到不安
10. 很擅長把消極的心情轉換爲積極
11. 經常會質疑自己可能是錯的
12. 對於和自己意見不同的人，也能和善以對

## 幸運技能診斷

13. 即使是很費工夫的事情，也能堅持下去不放棄

14. 即使覺得麻煩，仍然很少半途而廢

15. 發生問題時，能夠抑制住想逃走的衝動

16. 即使不知道會不會順利，還是先開始做

17. 想做的事，即使可能失敗也會去挑戰

18. 想要做某件事時，即使感到不安也能夠全心投入

19. 遇到困難時，會尋找新的手段或方法

20. 著手做某事時，認爲「只要自己盡力而爲，一定辦得到」

21. 當事情進展不順時，會冷靜檢核原因

22. 用一般的做法無法順利進行時，會設法找其他方法

23. 無法達成目標時，會立刻尋找另一個目標

24. 非常了解自己的「優勢」

## 計分方法

以上的24個問題分別對應以下能力。

請將每個問題的分數加總合計。

**行動力：**問題1～6合計＿＿分

**察覺力：**問題7～12合計＿＿分

**持續力：**問題13～18合計＿＿分

**恢復力：**問題19～24合計＿＿分

完全不符合＝ 1 分

幾乎不符合＝ 2 分

不太符合＝ 3 分

無法判斷符合或不符合＝ 4 分

大致符合＝ 5 分

幾乎符合＝ 6 分

完全符合＝ 7 分

## 本書的使用方法

這些能力當中**得分最低的，就是你現在還不足的能力**。如果「行動力」不足，就看第一章；如果「察覺力」分數低，就看第二章；如果「持續力」有問題，就看第三章；如果「恢復力」不夠的人，就看第四章的訓練，各章節對各種能力的提升都有幫助。如果各種能力的合計分數相同，就請先從第一章開始閱讀。

在決定特定訓練時，請先粗略讀過一個章節後，再選擇有靈感的部分進行。當你找到想要「試試看」的訓練時，至少要持續進行一項訓練三到四週，之後再次進行「幸運技能診斷」，檢查各項能力是否有變化。藉由反覆進行這項工作，而**提高所有能力，這就是本書的目標**。

順帶一提，在本書的終章，也提到另一種稱為「漫遊力」的能力。這是在你受惠於一定幸運之後使用的能力，可以先暫時擱置。最初請先致力於第一章至第四章的訓練，在人生中達成某些目標後，再嘗試採納終章的技巧。

# Contents 目錄

# 第1章

# 探索世界地圖

## ——幸運＝（行動×多樣＋察覺）×恢復

# Contents 目錄

## 第2章 發現攻略的提示
### ——幸運＝（行動×多樣＋察覺）×恢復

## 第3章 挑戰主線任務

### ——幸運＝（行動×多樣＋察覺）×恢復

# Contents 目錄

## 第4章 持續重複
——幸運＝（行動×多樣＋察覺）×恢復



## 終章 開始另一場遊戲
——幸運＝（行動×多樣＋察覺）×恢復

## 結語 將「運氣遊戲」切換到簡單模式



※本書的資訊是截至2023年1月5日的最新訊息。

序章

# 學習「運氣」的演算法

——幸運＝（行動×多樣＋察覺）×恢復

人生就是用獲得的牌來認眞決勝負。

——引自《寶可夢・黑／白》

# 世界上44%的金錢和地位，被幸運的2%人獨占

「前言」當中，雖然提過運氣對人生的重要性無庸置疑，但也告訴大家一個事實，那就是世上存在明確的攻略法。因此，在本章中將確認抓住好運的方程式，並展示應付人生這場「運氣遊戲」的示意圖。

在詳細檢視方程式內容之前，讓我們再確認一下「運氣」對人生的影響力吧。

雖說人生是場運氣遊戲，但若不能正確掌握其影響力，就無法順利使用攻略法。這就和在RPG（角色扮演遊戲）中，掌握怪物掉落物品的機率，會比較容易讓遊戲在有利的形勢中進行是一樣的。到底我們的人生會受運氣左右到何種程度呢？有

關這個問題的思考，每位專家的結論大不相同。

例如，教育心理學家約翰・D・克倫波茲（John D. Krumboltz）主張——事業成功的八成取決於偶然[1]；而東京大學研究所前教授矢野眞和的估算結果[2]則是——收入由天資、運氣和努力的組合而定，運氣的影響約占整體的六成；還有義大利卡塔尼亞大學等團隊，在調查了商業界的成功案例後估算的結果[3]是——影響企業業績的運氣比例約爲30%。看來要估算運氣的影響程度，用普通方法是行不通的。

雖然很難統一數值，但運氣的重要性，則可以透過簡單的計算模擬。

讓我們來看一個例子，假設「如果成功的95%取決於能力，5%受到幸運的影響」，會有怎樣的發展[4]。

假設全世界所有人擁有的能力，是從0到100之間均勻分布，同樣地，幸運也從0到100之間均勻分布。在此假設下，讓任意的參與者彼此競爭，結果將如下所示。

◎若競爭對手有一千人，能力最強的人獲勝機率約55%

◎若競爭對手有十萬人，能力最強的人獲勝機率則變成13%以下在對手有大概一千人的情況下，具備最強能力的人，勝率會落在稍微超過二分之一的水準。儘管擁有最強的能力，但其勝率卻與投擲硬幣的結果幾乎沒有差別。

當對手的人數變多，能力的重要性就降得更低，若競爭對手超過十萬人，此時即使是擁有最強能力的人，也變成幾乎無法期待勝利的水準。雖然這不過是模擬的數字，但儘管將運氣的重要性設定爲只有5%，卻會讓能力的影響降低到這種程度，依舊令人驚訝。

特別是在科技進步的現代，競爭對手的人數超過一千人的情況並不罕見。既然只有5%的設定，也會造成如此影響，那麼在現實世界中，運氣會造成更大影響的結果，也就不足爲奇了[5]。

讓我們再來看看另一位經濟學家亞歷山卓・普爾奇諾（Alessandro Pluchino）等人進行的模擬吧[6]。

研究團隊在電腦上建立了一千個人物模型，並對每個個體隨機設定數值，例如智力、社交技巧、有無動機、決斷力、創造性，以及情感知性等等。在各模型的人生中，設計成每半年會隨機發生好事或壞事。若遭遇不幸，模型的成功率會減半；若碰上好運，則根據個體的才能，增加成功率。

然後，在模擬相當於人類四十年的時間後，得到了以下結果。

◎只有20人的個體獨占「成功」總量的44%

◎全體50%的個體，其「成功」的水平仍然維持初始值

在最初的時間點，儘管每個人皆擁有相同水準的財力和地位，但是四十年後，僅2%的個體主宰了近全體四成的財富與權力。

當然，以上是模擬的結果，而且把與生俱來的才能設爲固定值，也還不盡如人意。要獲得更好的見解，需要進行驗證實驗，但另一方面，這個結果符合現實數據也是事實。

根據經濟學家托瑪・皮凱提（Thomas Piketty）等人經營的「世界不平等研究所」的調查，在二〇二一年，全世界的個人資產有37.8%，由最上層1%的超富

## 熱門作品的誕生，無法預測

爲了愼重起見，我們也確認了中歐大學等機構的數據，這些機構在現實的世界中調查運氣的影響[9]。

研究團隊從電影、小說、音樂、科學等領域中，選出代表各類的知名人士，並調查了所有人的職業經歷。當作調查對象的人物，都是各界具代表性的知名人士，例如喬治・盧卡斯、法蘭克・辛納屈、麥可・傑克森，以及阿嘉莎・克莉絲蒂等人。

這項研究的目的是，推論出隨機性與個人能力，對於「熱門作品的誕生」有怎樣的影響。具體而言，將《星際大戰》、《*My Way*》和《顫慄》（*Thriller*）等作品在歷史上誕生的成功時期納爲數學模型，分析他們的職涯中具有最大影響力的事業傳遍世界的時機，並調查僅用個人的才能，能夠解釋多少大熱門作品的誕生時期。

以下簡單介紹分析的結果。

◎大熱門作品的發生時期本質上是隨機的，完全無法預測「什麼時候會有暢銷作品？」或者「何時會產生重大發現？」

◎在職涯初期是否能創造出熱門作品，或者人生最後的作品是否熱門，這完全是隨機的，我們無法從作品發表的時機來預測是否熱門

◎隨機性在所有領域都有類似的效果，其作用比個人能力和技能帶來的影響更大

在產出熱門作品的過程中，偶然的影響比個人能力更爲重要，而成功的時機則無法被任何人預測。因爲大熱門作品的背後必然存在某種好運，例如偶然認識知名的製片人，或是碰巧能夠使用新開發的攝影技術。

確實，當我們回顧歷史可以發現，歷史中不乏擁有衆所認可的實力，卻因不幸與榮耀失之交臂的天才軼事。

例如以利沙・格雷（Elisha Gray）僅僅晚了格拉漢姆・貝爾（Alexander

Graham Bell）兩小時去申請專利，就錯失電話發明者的稱號。

發現「原子序（atomic number）」的概念，並確定被視爲獲得諾貝爾獎的亨利・莫斯利（Henry Gwyn Jeffreys Moseley），也在第一次世界大戰中殞命。

儘管進行了世界最高水準的研究，但由於法國科學院忘記提交論文，導致數學家尼爾斯・阿貝爾（Niels Henrik Abel）的成就在病逝前無人知曉。

儘管這些天才都擁有世界級的才能，卻因爲老天偶然的惡作劇而錯失榮耀。因爲些微的命運差錯，成功和失敗之間的界線就會有某種波動。

## 挑戰459次，成功率會提升至99%

在理解運氣對人生造成的影響後，讓我們來詳細看看組成好運方程式的要素。在「前言」中所介紹的好運方程式如下所述。

**「幸運＝（行動×多樣＋察覺）×恢復」**

開頭的「**行動**」，意思指的是你在人生中所執行的具體行動的量與質。應該很多人都聽過「**人生的幸運取決於嘗試的次數**」這句話吧。這個想法的意思是，如果想抓住好運，只能增加人生中挑戰的次數。

這個建議的正確性，可以透過簡單的計算來確認。

假設你去挑戰成功率只有1％的困難工作。一次挑戰的數值雖然無法期望能夠成功，但就算失敗了，隨著嘗試次數的增加，機率也會逐漸改變。

具體而言，成功率在第二次嘗試中增加了約2％（99％×99％＝98．01％）。之後隨著每次重複挑戰，數值都會增加，當嘗試次數超過100左右時，機率就會超過63％，而在第459次嘗試，則會達到99％。如果能試到這個地步，反而是失敗比較困難吧。這是以簡單計算得到的數值，但僅僅如此已經可以算是強而有力的結論。

只不過，儘管嘗試次數再怎麼重要，我們應該也很容易想像得到，盲目增加挑戰並非最佳做法。

例如，假設年末鉅額獎金彩券的頭獎中獎機率是兩千萬分之一，相信「只要增加嘗試次數就好了」並不斷購買，仍舊不能期待大賺一筆。既然如此，還是去賭BIG（頭獎中獎機率約爲478萬分之1）或是toto（頭獎中獎機率約160萬分之1）之類的還比較好。

簡單的嘗試次數與人生成功的關聯性低，此事實在德國凱撒斯勞滕工業大學等研究中也得到了證實[10]。這是一項從世界十五個國家、集結六千多名運動員進行的分析研究，主題是調查「要在體育界成功，應該從小時候就特別專注於一項體育競賽項目嗎？」

頂尖的運動員，到底是不是從年幼開始，就專心致力於特定的運動呢？還是他們在小時候嘗試了各種運動後，才鎖定一種項目？

正如大家所知，從小就持續參與特定項目的運動員並不少見。

例如從兩歲開始打高爾夫的老虎伍茲，在八歲時就獲得少年組世界冠軍；福原愛則是從三歲九個月起，就一直握著桌球拍；羽生結弦從四歲起專注於磨練花式滑冰技術。這些頂尖選手的存在，似乎展現了在特定項目上累積嘗試次數的重要性。

然而，分析的結果卻有所不同。實際上，世界級的運動員在十幾歲的時候，會花時間參與多項運動，稍晚才會將目標定於一個項目上。

相反的，從小就專注於特定運動項目的選手，雖然在青少年級別容易取得成功，但成年後卻有無法成爲頂尖選手的趨勢。

**從年幼開始的菁英教育，似乎難以連結長期的成功。**

頂尖的運動員之所以體驗多種項目，有三個主要原因。

❶透過體驗多種項目，可以讓精神上不易燃燒殆盡
❷多虧嘗試了各種項目，更容易看清自己的才能
❸透過累積豐富多彩的經歷，學會多種技能

雖然全心投入一項運動可以增長練習時間，但也會相對難以轉換情緒。同時，也無法驗證自己的才能是否也能用在其他運動上，而且，當競爭對手創造出新戰術和攻擊方法時，會無法妥善應對。

另一方面，如果體驗過多種項目，不僅能夠更容易選擇適合自己才能的競技項目，也多虧習得了各種技能，能夠提升應對意外變化的能力，也能透過增加練習的多樣性，來預防精疲力竭（burnout，過勞）的發生。雖然因為競技項目不同而有差異，但無庸置疑的是，**童年時體驗過各種運動會比較好**。

話說也有不少頂尖運動員，在小時候就投入多項運動，例如從年幼期就開始打棒球和籃球的麥可・喬丹，以及在童年時學習柔道的席內丁・席丹等等，大家立刻會想起這些人的名字。像老虎伍茲這樣的人是少數派，實際上鎖定特定運動項目並

增加嘗試次數的做法，似乎並非上策。

正如各位讀者已經注意到的，目前為止所敘述的，是好運方程式中的第二個要素「**多樣**」。

昨天精通的技能和知識在明天就會變得陳腐，在這樣的現代，豐富多彩的經驗當然有用。我們往往過分誇獎那些全力投入一件事的人，但**要充分發揮嘗試次數的作用，需要的並非重複同一件事，而是必須增加挑戰的變化**。

## 引發創新的人，更會投入時間觀察

讓我們更深入探討好運的方程式吧。

如同到目前爲止看到的，爲了獲得幸運，我們首先要增加嘗試次數，並增加挑戰的總量，並且需要涉足多種領域以擴展多樣性。

可是，光憑如此仍然只是個「正在嘗試各種不同事物的人」。要將行動的量轉變爲意外的幸運，需要方程式的第三個要素「**察覺**」。

這個意思是察覺周遭發生小變化的能力，它擁有能讓嘗試次數招來的美好偶然開花的作用。關於此一重要性，楊百翰大學的傑佛瑞・岱爾（Jeffrey H. Dyer）等人的研究最爲有名[11]。

研究團隊訪問過去曾開發過嶄新產品的三千五百位企業家和發明家，並檢查了每個人的工作表現。參加者之中包括知名的創新者，例如西南航空公司董事長赫伯・凱樂赫（Herb Kelleher）和 PayPal 創辦人彼得・提爾（Peter Thiel）。

我們從結果得知的是以下的事實——**引發創新的人更會投入時間觀察**。優秀的創新者們，都能察覺生活周遭發生的微小變化，並以此創造出前所未有的發明。

例如，Intuit 公司的董事長史考特・庫克（Scott Cook），他不斷細心關注妻子的日常生活，察覺她在記錄家庭收支時，心情總是會變差。根據這個察覺，他開發了家庭收支簿軟體，該產品在第一年度就占了財務軟體市場的五成，成爲大熱銷商品。

還有更近年的案例是，小型ＩＴ企業 Odeo 做出了僅在公司內運作的簡短訊息交換工具，這個案例也很有名。這個工具最初是技術人員覺得好玩而做的，但不久後公司的高層注意到，它在公司內部的使用率異常的高。震驚的高層想到把這個工具當作新型的社群網路服務推出，而隨之誕生的就是衆所皆知的「Twitter」。

如果 Odeo 公司只覺得這是「公司內流行的異常工具」，或許 Twitter 就不會問世。正因爲察覺到員工偶然做出的工具具有影響力，才能將嶄新的社群網路服務推出問世。

根據數據顯示，優秀的創新者比其他人多花1.5倍的時間進行觀察。**催生嶄新發明的人，更懂得仔細關注生活周遭的偶然，他們能將由此得到的發現轉變為幸運**。

然後，在行動、多樣、察覺這三個要素的基礎上，最後還有個不可或缺的是「**恢復**」的技能。這個詞彙顧名思義，指的是從失敗中重新站起來的能力，意味著能夠迅速擺脫挫折的痛苦，再次重新挑戰的心理狀態。

爲了抓住好運，恢復力當然很重要。

如果因爲一兩次失敗而灰心，就無法增加行動量與多樣性，如果沒有增加行動，就不會有良好的偶然來臨，也會失去發揮察覺力的機會。

不用說也知道，失敗是人生避不了的事，所謂**在死前從未經歷過挫折的人，就只有一輩子什麼都沒做的人**。既然如此，我們就只能接受失敗作爲前提條件，並培養恢復能力。

# 什麼是世上天才一致認同的「幸運的祕密」？

讓我們重新確認一下公式吧。

**「幸運＝（行動×多樣＋察覺）×恢復」**

爲了抓住好運，首先要增加挑戰的總量，同時擴展行動的多樣性，藉此建立多種偶然來臨的基礎。在此基礎上面對意外變化的同時，從失敗中不斷重新站起來，將單純的偶然轉爲積極的機緣。

試著如此分解後，可以發現好運的方程式無限接近古今賢人提供的建議。

古羅馬的哲學家塞內卡（Seneca）在兩千多年前就主張「幸運發生在準備與機會相遇時」，發明之王湯瑪斯・愛迪生（Thomas Edison）也曾留下「幸運在機會與準備一致時實現」的名言。兩者不約而同強調了準備的重要性。

此外，以微中子天文學獲得諾貝爾獎的小柴昌俊，在他的著作中也能看見類似的言論。

「我們確實很幸運。但是，如果只是一直說很幸運、好幸運，我想對此說，這就不對了。幸運難道不是同樣降臨在每個人身上的嗎？能不能抓住幸運，差別不就在於，是否準備充分嗎？」

他在這裡也再次強調了**準備的重要性**。雖然這些畢竟是個人的經驗談，然而這是古今中外的天才們都得到相同結論的事實，仍然值得我們關注。

不過，可惜的是，從他們的言論中，我們無法得知「準備」的詳情。即使我們能理解幸運是準備的產物，可是一旦談到「該怎麼做」，大多數人都會手足無措。由於天才的思考經常伴隨著獨特的跳躍性，因此我們無法輕易跟上。

在這點上，好運方程式給了我們「準備」的藍圖。即便是困難的數學問題，只要用特定的公式就能輕易解決，同樣地對於「運氣」這種捉摸不定的現象，公式也應該能一口氣打開我們的視野。

話雖如此，無論工具再怎麼有用，如果無法實踐，也等於紙上談兵。**如果不能將方程式轉化為日常使用的技巧，就無法抓住「平等降臨於任何人的幸運」**。

到底，我們該如何使用好運方程式才對呢？

# 抓住好運的路線圖

在講解如何使用好運方程式之前，讓我們先確認本書的路線圖吧。爲了破關人生這場運氣遊戲，從下一章開始，我們將以RPG（角色扮演）遊戲的攻略法作爲隱喩，按以下順序進行訓練。

## 第1章　探索世界地圖

首先，我們要從提升「行動量」和「多樣性」這兩項技能著手。增加你平常不做的活動數量，這是爲了提高良好的偶然降臨的機率。「行動量」和「多樣性」

是等同於基礎體力的要素，首先從這裡著手，以提高意外偶然發生的機率。如果用遊戲來比喻的話，就是要在給定的地圖上徹底搜尋，尋找地牢和寶箱的階段。

## 第2章　發現攻略的提示

接下來的步驟則是，培養察覺偶然降臨到你人生的技能。即使用第1章的方法增加了偶然的量，如果少了這個階段，仍無法獲得幸運。這就像在RPG遊戲中，村民告訴你提示，但玩家忽略此事實的狀態。

## 第3章　挑戰主線任務

即使忽然有良好的偶然來臨，若不能改善你的人生，也不算是真的抓住幸運。

因此，本書在第3章將進一步探討意外偶然的內容，培養用來改變長期人生的技能。在第1章增加了行動的量，但在這裡的目標則是提高行動的品質。

## 第4章　持續重複

在遊戲的世界裡失敗很理所當然。無法得到目標物品，或與大魔王的戰鬥失敗，最終的結果令人失望是很平常的。爲了應對這個問題，第4章會教你克服Game Over的痛苦，提升重新再玩一次的技能。不將失敗視爲負面的，而視爲用來串接到下一次好運的步驟。

因爲這部分有點抽象，請讓我以具體的例子來說明上述的路線圖。

現在，假設你正在轉職中。爲了尋找適合自己的企業，你每天都在求職網站上搜尋，也聯絡人力仲介，但卻很難找好的候選職缺。

煩惱的你決定增加新的行動，例如與學生時代的朋友重溫舊好，或是嘗試開始新的副業，又或者嘗試和不熟的同事交談。以本書的路線圖來說，這相當於「探索世界地圖」的階段。

接著不久後，有個偶然機會來臨。你和幾十年未聯絡的老朋友聯絡上，聊起似乎能活用過去經驗的專案。你察覺這件事，決定向舊友了解詳情。這個階段則相當於第2章的「發現攻略的提示」。

不過，若僅在這裡聽了談話就結束，是沒有意義的。為了將偶然轉變為幸運，你需要種種行動，例如和老朋友反覆交流，並製作用來應徵專案所需的文件，宣揚自己適合這份工作等等。抓住好運不可欠缺相應的行動力，這個階段和第3章的「挑戰主線任務」是一樣的。

之後，你會挑戰專案的面試，但遺憾的是，你不符合對方的條件，第一次會面失敗。雖然之後多次進行交涉，但難以達成協議。於是你決定從不同方向來應對，例如改變參與專案的範圍，或改善投資組合等等。這個階段與第4章的「持續重複」一致。

就這樣你踏實地沿著好運方程式的路走，最終決定參加該專案，並走上了未曾預料的職涯之路。

雖然這個故事的情節看似非常機會主義，但在現實世界中，人們在意想不到的地方找到適合工作的案例也很常見。

例如，教育心理學家約翰・D・克倫波茲等人在調查研究成功商業人士的職涯時發現，參與者的人生轉捩點，有八成與當事人沒有預料到的偶然相關[12]。像是因興趣而偶然創業、與在酒吧認識的人合作副業大獲成功、偶然被分配的專案讓你體悟工作的有趣之處、舊客戶對你提出新的工作機會等等。

成功的商業人士大半是因爲意外的偶然而改變職涯，從而大幅改變了他們往後的人生。

雖然人生的轉捩點，是否眞的有八成是由偶然決定的，這點還存在爭論，但毫無疑問地，能巧妙抓住幸運的人，更容易走上好的職涯之路。

## 毫無目的也沒關係，請持續探索世界

再說一次，**如果增加遵照好運方程式的行動，人生這場運氣遊戲的攻略將變得格外輕鬆**。持續廣泛探索世界的人，雖然在途中會找到大量無用的寶物和物品，但同時也會提高遇到重要事件的機率。

要在充滿不確定的人生中抓住好運，只能在沒有明確目標的情況下，持續探索世界，並等待意外的偶然發生。

那麼，下一章開始就來探討如何實踐吧。

# 第1章

# 探索世界地圖

——幸運＝（行動×多樣＋察覺）×恢復

首先要做的是與魔物們戰鬥、累積經驗。

——引自《勇者鬥惡龍》

# 天才總是充滿好奇心

開始玩ＲＰＧ遊戲的玩家，首先應該做的是「探索世界」。向村莊和城鎮的居民打聽，走遍場地、潛進地牢。以這些得到的情報爲基礎，擴大探索的範圍，打倒怪物並提升技能，解開世界的謎題，這就是遊戲的樂趣所在吧。

在現實世界也一樣，如果你想創造某種新事物，就必須探索你居住的世界。和玩遊戲一樣，如果不與初次見面的人多次對話、前往陌生的地方、參與新的專案，並累積豐富多樣的經驗，人生的攻略將不如人願。

然而，這裡的問題所在是「探索所需的技能是什麼？」我們若要積極地探索世界，並提高遇到良好偶然的機率，必須磨練怎樣的技能呢？

爲了尋找問題的答案，讓我們先繞個遠路，試著思考另一個疑問吧。那就是關於**「什麼是天才共通的性格？」**

二〇二一年，威斯康辛大學等機構，進行了一項研究，調查天才特有的人格特質。研究團隊從過去實施過，有關天才的調查中挑出十三件案例，以約八千人的數據進行了統合分析[1]。統合分析是彙整過去進行的多個研究，藉以得出重大結論的手法，比起僅參照單一數據，能得到準確度更高的結論。

這項調查所定義的「天才」，指的是他們比同世代的人，才智更爲突出，數學和語學等學識成績就不用說了，還包括能夠創造嶄新藝術的想像力、團結他人的領導力，以及哲學性思考的深度等等，以所有知性領域中的能力高度爲焦點。

到底所有天才共通的性格是什麼，你認爲是怎樣的呢？

答案是**「開放性的高度」**。開放性是人格研究的用語，指的是表現對未知的資訊具有積極的興趣，以及是否能將這種動機轉化爲行動的性格。簡單來說，天才們都充滿了「好奇心」。

另一方面，「喜歡社交」、「容易感到不安」等性格特質，則與天才無關。在虛構世界裡，我們會看到的刻板印象是「神經質而不擅社交的天才」，但實際上**區分天才和凡人的條件是，是否有好奇心**。

＊　＊　＊　＊　＊

好奇心與天才之間息息相關，一點也不奇怪。

如果對任何事情都感興趣並投入其中，就能因此獲得廣泛的經驗，並提高應用在困難問題上的能力。多虧了習得跨領域的知識，可以結合意想不到的資訊，也會提高產生嶄新思考和表現的機率。

事實上，充滿好奇心的偉人，這種例子不計其數。

建構量子電動力學基礎的天才理察・菲利普斯・費曼（Richard Phillips Feynman），在他還是ＭＩＴ（麻省理工學院）的學生時，曾反駁一位主張「小便是靠重力自然排出體外」的朋友，親身實踐倒立也能排尿給朋友看。之後他在進行研究的同時，也對破解保險箱的技術很感興趣，在加入洛斯阿拉莫斯國家實驗室之後，他反覆玩著解鎖裝有機密文件櫃子的遊戲。

而且，對藝術也有興趣的費曼，除了每週接受藝術家朋友指導繪畫技巧以外，還因爲興趣開始演奏邦哥鼓，並達到職業等級的水準，甚至曾在劇場爲戲劇和芭蕾公演演奏。他似乎也對異文化非常感興趣，當他到日本出席學術研討會時，即使只會隻言片語，還是說起了日語。此外，據說他還拒絕了主辦方準備的西式飯店，前往鄉下的老舊和式旅館。

晚年，當他被問及自己的成就時，費曼如此回答：「我希望當你聽到費曼這個名字的時候，你能想起的是，我是一個充滿好奇心的人，就這樣而已。」

費曼一生追求的是「有趣」，他隨心所欲地穿越科學和藝術，並留下偉大的成果。實在是個充滿好奇心的怪物。

＊　＊　＊　＊

同樣的，代表超現實主義的藝術家薩爾瓦多・達利（Salvador Dalí），也以充滿好奇心的天才而聞名於世。他一開始以畫家的身分展開職涯，但不久後就對只從事繪畫感到厭倦，於是製作了描繪惡夢意象的眞人電影《安達魯之犬》，並與迪士尼合作製作了短篇動畫。在職涯的中期，他以題爲《隱藏的面孔》（*Hidden Faces*）的長篇小說，描繪貴族的頹廢生活，又著手設計了位於菲格拉斯的劇場美術館，以及在漁村建造的自家住宅。他的好奇心在晚年依然不衰，他承接了珠寶飾品和家具的設計、加倍佳棒棒糖的商標設計製作等工作，最後還主辦了召集科學家辯論的活動。

關於他自己的行動原則，達利留下的評論如下所述——「重要的是擴大混沌，不能將混沌消除。」

達利一生從多種活動中獲得回饋，並由此創造出嶄新的表現直到他生命的終點。不限於擅長的領域，達利還涉獵所有領域，不斷擴大混沌正是達利的人生寫照。

## 應該做獨創的事，別追隨群體

好奇心與天才的關係，並不僅限於藝術和科學界認同。近年來，在商業界也越來越倡導好奇心的重要性。

代表的例子是亞利桑那州立大學等機構進行的調查[2]。研究團隊從 S&P 一千五百家公司的資料中，選出約四千五百名 CEO，並調查所有人涉及的職務和產業數量等資料，將他們分為兩組。

❶ **通才**：挑戰過多種行業或企業的 CEO

❷ **專家**：只在特定的行業或企業累積經驗的 CEO

分組後比較所有CEO的業績，**結果顯示是通才這組勝出**。在多種行業和企業歷練過多樣職務的人，比專家賺的收入多19%，這個數字換算成年收入，是平均一億兩千萬日圓的差距，可以算是通才這一方的壓倒性勝利。

差異如此巨大的原因，與我們在序章中看到的運動員案例相同。

在多家企業累積嘗試次數的CEO，比留在特定行業的CEO更容易累積豐富多彩的經驗，因此他可以自然而然學會豐富多樣的技能與知識。在各種不同的行業中工作，可以加深自己對擅長與不擅長領域的理解，更容易活用自己與生俱來的才能，也是一大重點。

此外，根據南加州大學進行的調查也顯示，比起內部晉升，外部聘任的CEO成績更優秀，並警告只在特定領域累積嘗試次數的風險[3]。

＊　＊　＊　＊

像這樣透過多樣性的豐富行動而取得巨大成功的例子，例如詹姆斯・哈里斯・

西蒙斯（James Harris Simons）以對沖基金獲得了超過一兆日圓的資產。

西蒙斯從小就喜歡數字，在大學學習數學後，努力在美國國家安全局從事密碼破解工作，四年後辭職。他後來再次回到學術界並開始在哈佛大學執教鞭，這次他的興趣轉向了資產運用，決定創立名為「文藝復興科技」（Renaissance Technologies）的對沖基金。對於他毫無商業經驗的創業，周圍的人都預測將以失敗告終。

不過，西蒙斯由此開始採取了令人訝異的行動。如果是一般情況，通常會僱用專業的分析師和經濟學家並開始操作，但他僱用的則是物理學家、訊號處理的專家、天文學家、語言學家等多領域的科學家，然後組合自己職涯中學到的數學和電腦技術，創建獨創的操作模型。

當然，不管是誰都覺得這種外行的操作模型是沒用的東西，但現實卻為西蒙斯帶來巨大的勝利。基金的資產額在十七年間從六千六百萬美元成長到一百億美元，平均年報酬率甚至創下高達39％的驚人數字。

西蒙斯如此說明自己的成功：「應該做獨創的事，別追隨群體。而且，最重大的指針是『祈求幸運』。這是最重要的。」

確實，除了文藝復興科技之外，沒有其他對沖基金會調查太陽黑子和月亮的相位對市場產生的影響，甚至是巴黎天氣與市場的相關性。如此出類拔萃的獨創性，唯有在累積了多樣性行動的西蒙斯身上才能誕生。

＊　＊　＊　＊　＊

費曼、達利、西蒙斯，雖然他們活躍的領域各有不同，但每位天才都是跟隨自己的強烈好奇心而獲得成功。

當然好奇心不能說是成功唯一的原因，但是就算天生智力再高、精神力再強，如果沒有好奇心作爲基礎，也無法發揮出難得的能力。如果對於超過自己擅長範疇的領域沒興趣，無法不計得失，去廣泛挑戰各種領域，任何才能都會無法得到發揮，無疾而終。

**總之，真正的天才，指的是能夠探索人生直到生命盡頭的人。**

# 弄假直到成真

該怎麼做才能學會「好奇心」的技能，持續探索人生呢？

有很多方法，但最重要的一點可以總結爲以下敘述：

「弄假直到成眞。」（Fake it till you make it.）

如果你想要脫胎換骨成某個人，就要模仿那個人的思想和行爲，最後你就能成爲你所想像的人。這句話是英語圈的經典慣用句，直接了當地表達這樣的大衆常識。

如果想成爲工作出色的人，就要模仿表現優異者的工作方式；如果想要運動表現變好，就要模仿擅長該競技項目的人的姿勢。

像這樣模仿目標人物的思想和行爲，應該是每個人都曾有過的經驗。比起毫無線索去謀求自我改善，有明確的榜樣，應該能更容易接近成功。

只不過，這個建議不僅適用於工作和運動。根據近幾年的研究可以得知，**我們的好奇心也能透過「假裝順利」而提升**[4]。

關於這一點，南方衛理會大學的心理學家內森・哈德森（Nathan W. Hudson）等人進行過有趣的實驗。研究團隊召集了四百多名就讀不同大學的大學生，並給他們個別指示：「請思考希望改變自己性格的哪些地方」，然後，研究團隊要求他們從事前準備的「行動清單」中，挑選喜歡的事，命令他們每週做完一至四項。

這份行動清單中，記載了參加者應該執行的具體活動，並給予符合個人要求的任務。

例如，希望變成擅長社交性格的人，就給他「聯絡老朋友」、「向初次見面的人打招呼」等等的任務；而目標開朗性格的人，則要他們執行「向朋友訴說煩惱」、「感到不安就深呼吸」等等的任務。

簡而言之，就是讓所有參加者的行動，像是已經擁有他們各自希望的性格。

然後四個月之後，可以看到參加者頗有意思的變化。

越能確實完成任務的參加者，他們的性格測驗結果變化越大，實際上變成了他們所希望的性格。

關於這個結果，研究團隊的評論是「若能積極實行自己訂爲目標的行動，就能改變性格特質」。

也就是說，如果想學會探索人生的技能，只要持續假裝你是具備「好奇心」的人就OK了。透過反覆進行這項作業，你可以逐漸在腦中烙印新的神經模式，最後在你的內心讓不同的人格特質扎根。

簡單來說，**「好奇心」是可以安裝的**。

# 安裝好奇心的50個行動

在我們安裝「好奇心」到心中時，最好也要像剛才提到的實驗一樣，重複特定的行動。以下將介紹由南方衛理會大學的團隊所開發的具體行動清單。

清單的使用方法很簡單，請從以下清單中選擇喜歡的挑戰，以每週進行一到四個的步調實踐。**最初可能感覺不到任何變化，但隨著每天累積挑戰，你內心的好奇心肯定會萌芽成長。**

此外，這個清單可以讓那些在「幸運技能判斷」（第14～15頁）中「行動力」得分較低的人得到更好的效果。強烈覺得自己「總是做相同的事……」、「日常生活沒有變化……」的人，很推薦可以從這個好奇心的訓練開始嘗試。

## 好奇心行動清單

1. 閱讀國外新聞報導。
2. 閱讀最新科學發現或技術的新聞報導。
3. 去看沒看過的新電影。
4. 去看沒看過的一集新電視劇。
5. 訂閱新的 Podcast，聽最開頭的節目。
6. 試著思考五分鐘有關人生的目標與價值觀。
7. 去喜歡的餐廳，嘗試以前沒吃過的新料理。
8. 拜訪沒去過的博物館或美術館。
9. 閱讀有關和自己政治理念不同的新聞報導。
10. 如果可以去時光旅行，試著想五分鐘會想去哪裡、做什麼事。
11. 如果能在天空飛，試著思考五分鐘會做什麼。
12. 至少做五分鐘的冥想。

## 好奇心行動清單

13. 試著去以前從未去過的新餐廳。

14. 嘗試參加讀書會或詩歌朗讀會。

15. 閉上眼睛，聆聽喜歡的歌曲，並試著思考幾分鐘你喜歡這首曲子的哪個地方，以及有怎樣的感覺。

16. 在日常生活中，試著寫下一些還不知道答案的問題。（例如：「塑膠是用什麼做的」、「馬桶的水流機制是什麼」等）

17. 在販售藝術作品的店家找出喜歡的作品，並試著思考喜歡這件作品的哪部分，以及有什麼感受。

18. 參加平時不聽的現場音樂表演活動。

19. 思考關於哲學的主題五分鐘以上。（例如：「人生的意義是什麼」、「安樂死在道德上能被容許嗎」等）

20. 發現並挑戰以前從未嘗試過的新活動。

## 好奇心行動清單

**31.** 試著向朋友說說最近知道的事，如果對方有興趣，就聊一聊這個話題。

**32.** 幾分鐘思考這一天學到的新事物，並提出兩個以上關於該話題想知道答案的問題。

**33.** 思考生活中遇到不能理解的事情，在找答案之前，至少花五分鐘思考可能的解釋（例如：「防曬乳的防曬機制是什麼？」）。

**34.** 觀察討論會，努力理解雙方的立場。

**35.** 若發現自然或藝術等美麗的事物時，無論是朋友還是陌生人，都立刻傳達給在場的人。

**36.** 問朋友：「你覺得人生的意義是什麼？」並進行討論。

**37.** 尋找有興趣的主題，並參加有關該主題的講座。

**38.** 若有我不了解的話題，請教了解該話題的朋友，學習有關該話題

## 好奇心行動清單

的知識（例如：不同的專業領域、不同的國家、不同種類的食物或活動等等）。

39. 列出想嘗試的新體驗清單，嘗試其中之一。
40. 搜尋當地的活動，試著去參加之前從未參加的新活動。
41. 和朋友談談關於夢想的內容，並分享自己的夢想。
42. 與朋友以哲學性主題進行討論，並嘗試加深自己的思考方式。
43. 找出自己討厭的藝術或娛樂作品，花五分鐘的時間，試著思考該作品的優點。
44. 參加讀書會，討論自己從未讀過的書。
45. 向朋友或家人提出有關人生的深入問題，並試圖了解答案。
46. 尋找有不同文化的朋友或熟人，詢問他們的文化，並加深理解。
47. 尋找和自己持不同意見的人（政治、宗教、文化、嗜好等），並

## 好奇心行動清單

**48.** 透過提問以理解對方的意見（不討論）。

**49.** 針對引發爭議的話題，試著理解其他人的想法。不與對方爭論，而是試著理解對方的想法。

**50.** 對於具爭議性的話題，思考自己的意見，並至少花五分鐘思考，爲什麼持反對意見的人是對的，而非自己是對的。

關於具爭議性的話題，向朋友徵求意見並試圖眞誠地理解對方的想法。

# 人會無意識地討厭新事物

讓我們也來談談進行好奇心訓練時，需要注意的地方吧。

在實踐「好奇心行動清單」時，請務必留意「反新奇偏見」。

反新奇偏見指的是，在無意識中，對未知的體驗或陌生資訊懷有厭惡感的心理機制。雖然我們的腦袋明白「接觸新事物是好事」，但在現實中，重複與過去相同行爲的人並不罕見。像是雖然想看沒有經驗的電影類型，但一不小心還是會選擇和以往相同的動作片；明明想吃嶄新的料理，但結果還是點了平常餐廳的菜色。

可以想像很多人有相同的經驗吧。無論是哪一種情況，這種結果都算是你的內心在不知不覺間，發動反新奇偏見，並在無意識中被誘導重複和以前一樣的行爲。

關於這種偏見，心理學家珍妮佛・穆勒（Jennifer Mueller）等人進行的實驗很有名[5]。

團隊指示二百多名男女，評價一種「能自動調整布料厚度的奈米科技鞋」的獨創性，並同時使用IAT內隱連結測驗（將無意識的偏見數值化的測驗），調查眾人對於「創造性」和「原創性」有怎樣的印象[6]。結果如下所示。

◎所有參加者都回答「希望積極採納新事物」、「期望嶄新的構思」，然而根據IAT測驗的結果，大半的人將創造性的創意與「嘔吐」、「毒」、「苦痛」等否定的詞彙連結在一起。

◎所有參加者都回答「創造性的創意是有用的」，但實際上在拿到創新的商品後，大部分的人的評論是「新穎和實用性無法兼顧」，認為「新奇的發明在現實中是沒有意義的」。

總而言之，許多人雖然嘴上說著「新事物很棒」，**但心底卻對獨創性和創造性有負面的印象，而且往往看不起嶄新的創意**。

關於這個現象，穆勒指摘如下。

「人們之所以討厭新事物，是因爲新的構想和行動伴隨著不確定性，而他們試圖迴避這種不確定性。此外，大多數人對於新的構想和行動可能面臨社會的拒絕，也有敏感的反應。」

在未體驗過的行動背後，必然存在失敗的風險。嘗試新的料理可能不合口味；而觀看未知的電影則可能會浪費時間。希望避免這種不確定性的心理，會在無意識中讓我們遠離新的體驗。

類似的資料非常多，在一項以國小和國中爲對象的研究中，即使教師回答「創造性對教育很重要」，但報告卻顯示在實際教學中，教師討厭好奇心旺盛的學生[7]。

此外，在另一項調查多家企業的研究也發現，即使有公司指導員工「嶄新的創意很重要」、「要經常進行新的挑戰」，實際上管理團隊對部下的新提議還是面有難色[8]。

可以說，**大多數的人還是天生就擁有討厭未知體驗的心理**。

## 藉由檢查日常行動，建立新奇行動

若將反新奇偏見放著不管，我們很輕易就能想像到，最後會錯過重大的機會。例如，影印機之父切斯特・卡爾森（Chester Carlson）多次推銷他開發的電子照片技術，卻被人說「沒有人會想在普通紙上複製文件」，五年內被近二十家企業拒絕投資影印機。其中也包括ＩＢＭ公司，該公司的第二任總裁小托馬斯・Ｊ・沃森（Thomas John Watson, Jr.）後來表示「這是他錯過的魚當中，最大的一條」。

類似的例子還有，天才工程師史蒂夫・沃茲尼克（Stephen Gary Wozniak）向惠普公司提出收購他自製的電腦被駁回五次，也是知名的案例。該公司的高層認爲「沒有人會使用小型電腦」，對於沃茲尼克的電腦完全不感興趣。

以這樣的回應爲契機，沃茲尼克與賈伯斯（Steve Jobs）一起創立了「蘋果電腦」。之後的發展如大家所知，當時的惠普公司直到現在仍被指責缺乏先見之明。

不過，我們在日常生活中，也非常有可能犯下和ＩＢＭ或惠普類似的錯誤。有時候雖然自己認爲「做了新的事」，但仔細想想，這個經驗不過是過去經驗的翻版，這樣的案例應該並不罕見。

難得專心致力於「好奇心挑戰」，結果卻重複和以往一樣的活動，這樣毫無意義。模仿具有好奇心的人的行動，雖然看似是簡單的工作，但實際上卻相當困難。

因此，爲了對抗反新奇偏見，我們想嘗試的是「檢查日常行動」訓練。「自己能做新的事情嗎？」「會在不知不覺間受以往的習慣所困呢？」我們將使用類似第76頁的表格進行訓練，用以確認上述這些問題。

## 編號

請從65至69頁的好奇心行動清單中，選擇你想投入的行動，並填入對應的編號。

## 日常的行動

關於你所選擇的好奇心行動，請列出至少三個「平常的行動」。例如，如果選擇了「去喜歡的餐廳，嘗試以前沒吃過的新料理」的行動，請思考並填寫在該餐廳通常會點的日常菜色，例如「我通常會先喝啤酒，然後點水餃……」。

此外，當你選了有別於「平常的行動」時，例如「試著去參加之前從未參加的新活動」，請思考在你聽到「新活動」時，立刻浮現腦海的三項活動。例如「說到新活動，有印象派的美術展，還有電影的舞台見面會等等」，請寫下腦海中立刻浮現的東西，不要想太多。

| 編號 | 日常的行為 | 新的行動 |
| --- | --- | --- |
| 7 | 點豆腐麵 | 點蟲料理 |
| | 喝青島啤酒 | 嘗試喝波布蛇酒 |
| | 吃水餃 | 嘗試吃兔肉 |
| 3 | 觀看串流網站的推薦影片 | 觀看串流網站上推薦度 20% 的作品 |
| | 觀看串流網站排名高的作品 | 觀看串流網站上評價較低的電影 |
| | 看爆炸場景多的動作影片 | 觀看卿卿我我的戀愛電影 |
| 15 | 喜歡副歌前段的積極型歌詞 | 試著想想小說或詩中有沒有類似的句子 |
| | 喜歡整體的節奏 | 想想有沒有其他曲子有類似的節奏 |
| | 喜歡副歌的歡快旋律 | 想想完全相反的憂鬱旋律，是否有喜歡的作品 |
| 19 | 思考「人生的意義是什麼？」 | 試著思考「自己的性格是從哪裡來的？」 |
| | 思考「安樂死在道德上能被容許嗎？」 | 試著思考「自己的死代表什麼？」 |
| | 幾乎沒有思考過哲學問題 | 花一分鐘也好，試著思考「哲學問題是什麼？」 |

## 新的行動

以剛才思考過的「日常行動」爲基礎，來想想對你來說新奇的行動。一邊注視你在「日常行動」中寫下的活動，一邊思考「這些行動中相差最懸殊的行動是什麼？」再寫下至少三個你想到的行動。

雖然這是非常簡單的訓練，但只要這樣有意地進行檢查，就可以大幅降低陷入反新奇偏見陷阱的機率。

正如前述所說，我們的大腦在思考的深處，容易討厭新的構想和訊息，我們自己很難察覺此一事實。可是，如果你能有意識地將平時不自覺進行的活動，或是頭腦中反射性浮現的思考寫出來，就能讓無意識中蠢動的偏見浮上檯面。**當你開始對自身的偏見變得敏感時，就越能夠不受舊習拘束**。

正如十九世紀的政治家班傑明・迪斯雷利（Benjamin Disraeli）所說：「新的行動不一定帶來幸福；但沒有新的行動就不會產生幸福。」不僅爲了獲得幸運，也是爲了讓人生更快樂，請務必嘗試在你的內心安裝好奇心。

# 成功者會維持既薄又廣的人際關係

你的好奇心目標對象應該有好幾個，像是新的嗜好、新的工作、新的住所、新的想法創意等，不過在這些目標中，最重要的是「新的人」。

要抓住好運，人際關係是不可或缺的，就算不深思熟慮應該也能理解。從老朋友中得到意想不到的情報，或是在飲酒會上遇到的人和新工作有關，畢竟**意外的幸運多半都來自他人**。

舉例來說，讓我們來看看尼古拉・羅密歐（Nicola Romeo）這位工程師的案例吧。

羅密歐出生於義大利，在三十五歲左右，雖然考慮在故鄉以機械工的身分創業，但因爲資金不足而放棄。然而，有一天因爲他在火車上和坐在旁邊的英國人無意中開始閒聊，讓他的人生好轉。

這位英國人其實是一家處理機械材料的公司幹部，他在閒聊中發現羅密歐是一位技術優秀的工程師，所以挖角他到該公司的義大利分店。羅密歐大喜過望，接受了邀請，之後在分店的經營上做出一番成績，不久後開始收購一家類似的製造公司。一九一五年，他收購了一家由汽車愛好者經營的企業，並將這家公司命名為「愛快・羅密歐」。

當然如此戲劇性的例子很稀有，但研究數據中，也展現了他人與幸運之間的關聯性。

一九七九年，科羅拉多大學的社會學家凱瑟琳・久弗雷（Katherine Giuffre）在紐約調查表現優異的攝影師，他們成功的主要原因[9][10]。

紐約有很多攝影師，但事業的成敗則有很大差距，有些人過著勉強維生的生活；也有不少成功人士，賺取超過一億美元的年收入。這種成功水準的差異，究竟從何而生呢？

進行調查時，久弗雷首先從「國際攝影藝術商協會」的會員名冊中，選出所有大型畫廊經營的攝影師。在之後的十年期間，不斷調查同一本名冊，追蹤所有攝影師累積了怎樣的職涯。

結果發現，在成功的攝影師與其他攝影師之間，只看見一個重大的差異。

◎成功者與特定的人聯繫較淡薄；但擁有多樣的社交網路。

◎非成功者與特定的人聯繫較深厚；但缺乏社交網路的多樣性。

獲得成功的攝影師，雖然與其他類型的藝術家，或其他國家的策展人等相關人士有廣泛的交流，但並沒有與每個人建立深厚的友情，只是維持淡薄的關係，偶爾在派對上交談而已；然而，職涯受挫的攝影師，則只和特定的藝術家或策展人建立深厚的關係，人際交往的範圍有較爲狹窄的傾向。

在此引用研究團隊的評論：「職涯發展不順的人，並不代表他們的作品品質較差，有很多作品也得到高度評價。可是，那些擁有大量多樣性連結的人，認識其他團體擔任橋樑角色的人，（中略）因此形成了非常分散的社交網路。」

如果能夠與不同世界的藝術家交流，就能提高介紹給新畫廊的機率，而且與其他領域的商業人士建立關係，也會增加擴大工作範圍的可能性。隨著增加與各式各樣的人來往的機會，產生與不同社群的連結，因此也會增加良好的偶然來臨的頻率。

反過來說，即使你創作出高品質的作品，如果社交網路缺乏多樣性，這些成果也無法廣泛傳播。因爲缺乏進行資訊橋接的人脈，造成相同的資訊只在狹窄的網路中不斷循環。

此外，社交網路帶來的成功，不僅限於藝術的世界。多樣人才的交流，也能促進商業成功[11]。

例如，調查美國五百多家企業營業額的研究顯示，企業中若員工的人種和性別越具有多樣性，業績就越好。多樣性較高的企業有63％，利潤比平均更高；相對於此，多樣性較低的企業，相同數值則低了47％[12]。而以四十五家企業的管理層爲對象的調查中，得到的結論是，與多樣的人種、性別和工作種類的人交往越多的人，有越高機率產出革新的產品[13]。

無論是哪個案例，**廣泛的社交網路都是招來良好幸運的原因**。

# 「人脈」是可以透過訓練而延伸的技能

聽到「社交網路」很重要的說法，可能有人會感到很沮喪吧。很少遇到新的人……人際關係上只有很狹窄的交流……溝通能力很差……。

世人都說人際關係很重要，如果能輕易改善的話，就不會有那麼多人深受其苦了。雖然明白交友廣闊的重要性，但應該有不少場合，都是只和熟悉的同伴一起消磨時間。

不過，你不必感到氣餒，如同科羅拉多大學的研究顯示，我們需要的是具備多樣性的網路。就算你有一千個交往深厚的朋友，如果只是聚集一群興趣相同、思考類似、知識相近的人，你的世界也不會更加廣闊。無論如何重要的是，**比起深度，人脈要有廣度**。

當然，卽使你的溝通能力低落，或是不擅長建立新的人際關係，也不必擔心，因爲擴展社交網路的能力，是可以透過訓練提升的技能。

具體來說，「弄假直到成眞」的精神對此也很有幫助。

如前所述，我們的大腦可以透過重複相同的行動，來刷新神經模式，與生俱來的性格可以做到某種程度的改變。卽使在社交網路方面，這種想法也一樣，**如果現階段缺乏廣泛的人際關係，我們只要模仿溝通能力強者的行為就好**。

雖然內向的人要脫胎換骨成完全的社交達人實在是不可能的，但若不斷模擬社交網路廣闊的人如何思考與行動，你的大腦肯定會逐漸變化。

那麼，讓我們來看看具體的社交行動清單吧。

## 社交行動清單

1. 在睡前回想白天經歷的正面交流，思考當中有哪些是好的。
2. 嘗試列出所有自己感到開心的事物。
3. 向常去的店家收銀員打招呼。
4. 試著對校園或住家附近遇到的陌生人露出笑容並揮手（即使對方不回應揮手，我也不介意）。
5. 嘗試向初次見面的人打招呼。
6. 去活動介紹服務，試著尋找一兩個想參加的活動。
7. 面對經常被問到「你在做什麼工作？」的問題，先預想一些簡單的答案。
8. 給某人的社群貼文回覆肯定的評論。
9. 向經常光顧的店家收銀員，嘗試詢問當天的狀況。
10. 向初次見面的人打招呼，並對共同的環境發表評論，例如「天氣真好」、「這朵花好美」、「我喜歡現在播放的這首曲子」等等。

## 社交行動清單

11. 打電話給很久未曾交談的朋友。
12. 進行調查，尋找想參加的俱樂部或同好團體。
13. 邀請朋友喝咖啡。
14. 去熟悉的餐廳或酒吧，和服務生聊天。
15. 事先整理好想問初次見面的人什麼問題。
16. 選一件一天中發生的趣事或有趣的故事，試著整理成簡單的文章。
17. 更新社群媒體的狀態，分享正面的體驗或有趣的經驗。
18. 向新來的人介紹自己。
19. 邀請朋友吃晚餐。
20. 嘗試與朋友一起規劃週末的計畫。
21. 去新的餐廳或酒吧，和服務生聊天。
22. 去人多的餐廳、咖啡店、酒吧等地方，向新認識的人打招呼。
23. 尋找志工團體，並參加志工活動。

## 社交行動清單

24. 試著在班級或團體聚會中，舉手回答問題或說出意見。

25. 在公園或校園找正在玩休閒運動（例如排球、足球、羽毛球等）的人，邀請他們一起玩。

26. 邀請朋友一起玩遊戲或看電視節目，或者參加派對或社交場合。

27. 與親密的朋友敞開心扉，坦誠說說今天發生的事，並詢問對方的狀態。

28. 告訴朋友身邊發生的有趣故事。

29. 請朋友或熟人陪同參加社交活動（也可以是其他人正在計劃的事情）。

30. 邀請朋友或熟人一起去看演唱會、電影或表演。

31. 邀請朋友或熟人參加自己的嗜好活動（例如：遊戲或運動等等）。

32. 有人徵求你的意見時，坦率陳述意見，例如，要在哪裡吃飯？對於這個話題你有何看法等。

## 社交行動清單

**33.** 列出從未和任何人談過的想法或意見，並與朋友分享當中至少一個想法或意見。

**34.** 向初次見面的人提出至少兩個問題詢問對方，例如，你的工作是什麼？你的興趣是什麼？

**35.** 去人潮聚集的地方，與新認識的人交談。

**36.** 列出想嘗試的新餐廳和活動清單，至少試一個從未試過的新選擇。

**37.** 平常在家放鬆的時候，外出做些主動積極的事，例如去咖啡店、去健身房、見朋友等等。

**38.** 特別指定能激發興趣的積極活動，並實際去參加。

**39.** 試著帶朋友去參加有興趣的活動。

**40.** 尋找感興趣的俱樂部或同好團體，嘗試邀請朋友參加。

**41.** 與親密的朋友坦率說出自己對未來的希望或夢想，並也試著聆聽對方。

## 社交行動清單

**42.** 試著邀請同事、鄰居、同學一起喝咖啡。

**43.** 去餐廳、咖啡店、酒吧等人群聚集的地方，和新認識的人聊天、閒話家常。

**44.** 嘗試向親密的朋友坦白目前面臨的問題。

**45.** 主動策劃社交活動，並邀請一位或多位朋友。

**46.** 和朋友一起計劃活動（例如：遊戲、電影、用餐），並邀請自己或朋友一起參加該活動。

**47.** 邀請同事、鄰居、同班同學一起吃午餐或晚餐。

**48.** 擔任志工的領導角色，策劃社交活動，其他想做的事也都去嘗試。

**49.** 嘗試策劃以自己的嗜好爲中心的活動（例如：攝影、電影、遊戲等等）。

這份清單的使用方式和65至69頁的好奇心行動清單一樣。請從清單中選擇你喜歡的挑戰，並每週進行一到四個，實踐看看。

選擇行動時，訣竅是選出你覺得「**雖然有點抗拒，但只要努力就能實行的**」。請注意，若選擇對自己來說難度較高的，反而會立刻讓你對訓練感到厭煩。

不過，請注意「好奇心行動清單」和「社交行動清單」，很多人容易掉入陷阱。這個陷阱就是，太過執著清單的行動，可能會妨礙你創造出獨創的活動。

如前所述，探索世界的工作，意思是你要在每天的生活中，增加那些你打從心裡覺得「這是嶄新的」、「這是未曾體驗過的」行動量。儘管如此，執著於特定的行動則是本末倒置的。

在這一點上，這兩種行動應該被用在刺激好奇心的暫時性指導方針。就像學會如何騎自行車之後，保留輔助輪就沒有意義一樣，持續致力於已經完成任務的技巧也無法期待有效果。

試著持續進行兩種行動約四週，要是能夠親身體會到增加新行動和相遇的樂趣，請開始自行考慮那些不在清單上的活動。

# 放手去探索吧！

最後要提的是一個重要的注意事項。一開始著手好奇心訓練的人，大多會在中途感到不安。

蒐集這種沒用的知識也沒有意義吧……即使有新的體驗，我也無法想像對未來有什麼幫助……沒有任何目標就去累積新的經驗眞的好嗎……這是不是在浪費時間於沒有意義的事情上呢……。

雖然「以好奇心行動」聽起來很不錯，但它的本質是堆疊與人生目標毫無關係的知識，只是把不知何時能派上用場的經驗堆積成山而已。一再重複這樣的行爲，最後開始對自己的行動感到懷疑，也並不奇怪吧。

可是，你的行動並不是沒用的。因爲**偉大的發現，很多都是從當初被認為沒用**

**的行動累積中誕生的。**

例如，活躍於十九世紀的天才數學家高斯，在僅僅十五歲時，就預想了後來的密碼理論基礎「質數定理」；三十四歲時則開發了現代物理與化學計算中不可或缺的「複數平面」。他當時雖是有天才之稱的人物，但生前並沒有公開太多自己的成果，像是「非歐幾何學」等成就，是在他死後的遺稿中發現的。

這也是理所當然的，因爲高斯並未將數學視爲「有用的知識」，他的最大目標是爲未知的問題，求出漂亮的結果。對高斯而言，數學始終只是他的興趣，而他實際上選擇的職業是天文台的台長，並非數學家。

類似的例子還有德國的生化學家保羅・埃爾利希（Paul Ehrlich）的軼事也很有名。學生時代的埃爾利希，以拋下大學的授課，轉向顯微鏡，持續盯著散布在桌上的彩虹色斑點的奇行而聞名。感到很詫異的教師問他「你平常在做什麼？」的時候，埃爾利希只是回答「我在做各種惡作劇」。

眞是目中無人的回答，但埃爾利希在此之後持續進行相同的行動，最終以此創意爲基礎，開發出血液抹片染色的方法。這項發明最後導致了名爲「細菌學」的新學問誕生。

不用說也知道，埃爾利希追求的並非「有用的知識」。他只是出於好奇心繼續惡作劇，才催生了偉大的發現[14]。

即使我們不像高斯和埃爾利希那樣有重大發現，但被認爲是無用的知識和經驗，在後來派上用場的案例，在我們身邊也經常可以看見。因爲興趣而能和客戶熱烈交談，或是能夠將學生時期所學的第二外語，運用在工作上，一開始覺得毫無用處的事物，會在某個契機帶來意想不到的成果，這種情況也並不罕見。

物理學家史蒂芬・霍金（Stephen William Hawking）被問到爲何過去有多次偉大的發現，他如此答道：

「我並未從童年長大。我現在仍會不停問人，像是『怎麼做？』『爲什麼？』這麼做有時就會找到答案。」

不去尋找有意義的答案也無妨。只要**在保持兒童般好奇心的過程中，偶爾找到正確的答案就好**。

# 第2章

# 發現攻略的提示

## ——幸運＝（行動×多樣＋察覺）×恢復

告訴你一個提示要花一千美元，你要買嗎？

——引自日劇《Mother》

# 八成的人並未發現金錢樹

「偶爾找到正確的答案就好。」

這是前一章的結尾。使用好奇心這項技能，提高良好偶然發生率是抓住好運的第一步。「行動×多樣」的總量增加越多，意外的偶然也更容易來臨。

可是，這麼做還不能將好運方程式運用自如。如果增加行動的質和量，雖然偶然來臨的機會可能性會上升，但只靠這些並不能增加好運的量。

舉幾個例子來說吧。一九二八年，英國的細菌學家亞歷山大・弗萊明（Sir Alexander Fleming）在培養葡萄球菌的培養皿上，發現了生長中的青黴菌。這是身爲細菌學家的基本錯誤，一般情況下應該立刻重做實驗。

可是，弗萊明不一樣。他才剛看到有問題的培養皿，就發現不知爲何只有青黴菌周圍沒有葡萄球菌繁殖，讓他感到不可思議。他進一步深入研究，最終成功從黴菌製造的化學物質中生產抗生素。如果弗萊明沒有注意到培養皿的異常現象，就無法指望得到如此重大的成功。

另一個例子是，一九四五年軍需產業的技術人員珀西・勒巴朗・斯賓塞（Percy Lebaron Spencer），在軍事用雷達的實驗中，發現了放在口袋的巧克力融化了。以此現象爲基礎，他想出了用微波產生熱的裝置，兩年後誕生了現代人仍頻繁使用的微波爐雛形。

在這項發明中，斯賓塞的察覺力當然是一大功臣。如果他對「雷達融化了巧克力」這樣的偶然事件，只是單純認爲「浪費了甜食」的話，微波爐應該就不會問世了。

在我們的日常生活中，類似的例子並不少見。彩券中獎卻漏看了中獎郵件，或是忘記朋友給的有用建議，或者在網路上看到對工作有用的資訊卻忽視不理，這些人生中發生的良好偶然，我們卻無法察覺的案例隨處可見。

**不管累積多少新的經驗和知識，若不能抓住身邊發生的良好偶然，就沒有意義**

**了**。如果繼續忽視不管，即使探索了世界，也不會得到成果。

如果以RPG遊戲來比喻，這就像沒發現村民話語中的重要線索，或者沒注意到放在地牢密道的寶箱一樣，不管怎麼探索世界地圖，如果不能識別眼前出現的攻略提示，就不可能過關。

因此，本章會聚焦在好運方程式中的「**察覺**」技能。能夠察覺到你周圍發生的細微變化，是提升好運的必備技能。

關於這一點，西華盛頓大學進行了一項有趣的調查[1]。研究團隊按照以下步驟進行實驗。

❶在一棵矮小的落葉樹樹枝上，夾上三張一美元的紙鈔。

❷調查經過樹下的學生是否注意到紙鈔的存在。

一美元紙鈔放置的高度，約爲距離地面175公分，除非非常分心地東張西望，否則都會看見紙鈔。也就是說，實驗打造了紙鈔必然會進入視野中的情境，以確認學生們是否能識別出這棵「金錢樹」。

在進行實驗之前，研究團隊預測「大半的學生會注意到紙鈔」。即使是在走路滑手機已經不稀奇的現代，應該不至於會漏看掛在顯眼位置的紙鈔。

不過，事實完全與預測相反，全體只有19%的人注意到紙鈔，而且如果學生在走路時滑手機，這個數字則下降到6%。80%以上的參加者即使看到掛在眼前的紙鈔，仍會判斷爲「沒有異常」，並對金錢樹視而不見。

雖然也有人會覺得「如果是我一定會發現」，但事實並非如此。像這種無法發現進入視野中物體的現象，被稱爲「不注意視盲（inattentional blindness）」，這是從一九九〇年代起，已被多次證明的心理機制[2]。這是埋進我們大腦中，就像作業系統般的系統，要逃脫這種心理極爲困難。

我們的心理之所以天生有不注意視盲存在，是因爲大腦處理能力有限。人類的大腦本來就會經常採納周遭的景色、聲音、氣味等資訊，並判斷「這是有用的資訊嗎？」如果沒有這項功能，你就無法察覺到新資訊的存在。

可是，因爲大腦畢竟是物理器官，所以一次能處理的資訊量是有限的。大腦每秒可以掃描的物體數，平均只有30到40個左右，即使如此，如果要處理所有來自外界的輸入，神經系統沒多久就會操勞過度而破損不堪。

爲了防止這個問題，人類的大腦進化成不斷捨棄不必要情報的能力。我們之所以無法察覺到「金錢樹」，是因爲紙鈔的情報雖然進入我們的眼中，但是大腦的判斷是「樹木上不應該長著紙鈔」，因此立刻刪除了資料。

總而言之，不注意視盲是保護我們免於資訊過多的重要系統，但同時這個功能也帶來了副作用，使我們遠離好運。好不容易探索了世界，卻沒發現出現在眼前的「金錢樹」，那就毫無意義了。這是好運方程式之所以重視「察覺力」的原因。

# 頂尖的銷售員有何不同之處？

爲了提高察覺力，抓住日常生活發生的良好偶然，本章準備了三個訓練。

❶Q矩陣：對於平時容易忽略的事物，投入關注的次數。

❷擴大視野行動：給自己有安心感並擴大視野。

❸理性謙虛訓練：了解自己的極限，獲得廣泛思考的能力。

稍後我將詳述這幾點內容，無論哪一種訓練都有提高察覺力的作用，只要嘗試其中一種，就能提高你抓住好運的機率。你不必實踐所有內容，請嘗試投入你覺得有趣的事。

在講解具體的訓練方法以前，讓我們先從簡單的測驗開始吧。

在下述列出的偉人名言中，「◯◯」的部分填入的都是相同的詞彙。你認爲那個詞是什麼呢？

◎蘇格拉底「無論對自己還是對別人，對一切◯◯，才是人類最偉大之處。」

◎愛因斯坦「無論如何，別停止◯◯。」

◎伏爾泰「評斷一個人，應該基於他◯◯的內容，而非回答。」

正確答案是「提問」。

古希臘哲學家蘇格拉底、催生相對論的愛因斯坦、代表啟蒙主義的歷史學家伏爾泰，這三位人類史上留名的天才皆主張「問題」的重要性，並持續對所有事物提出疑問直至生命的終點。

除了他們以外，還有許多偉人也支持「提問」，現代管理學之父彼得·杜拉克（Peter Drucker）也斷言道：「重要的不是尋找正確答案，而是尋找正確的問題。」天才物理學家愛德華・維騰（Edward Witten）也曾留下這樣的話：「我總是在尋找這樣的問題——困難到尋找答案很有意義，但實際上又簡單到能夠回答。」

＊　＊　＊　＊　＊

即使在多組數據中，「問題」的重要性也很明顯，其中具代表性的是，知名的心態研究學者卡蘿・杜維克（Carol S. Dweck）等人的調查[3]。

杜維克等人召集了864名男女，並問每個人：「平常的生活你有多少時間用在捫心自問？」例如，當你陷入某種僵局的時候，是否會問自己：「我能做的是什麼？」「怎樣才能做得更好？」，或者當你覺得學習沒有進步時，是否會提出問題：「有沒有更好的方法？」「爲了前進可以做什麼？」研究調查了他們在日常生活中，是否有意識地進行自問自答。

結果可以看到「提問」的好處，展現在人生的各種層面。越懂得在平時反覆自問自答的人，其大學的平均成績（GPA）就越好，而且學習、健康、儲蓄等等的目標達成率也比較高，還有在實驗室進行的認知測試也有較佳的結果。

特別有趣的是，這些結果證實，上述這些和參加者想出的解決方案的質與量是獨立無關的。簡單來說，不管你對抱持的問題，是否能回答出正確答案，這點不太重要；你只要對目前發生的事件提出某種問題，我們就能獲得改善表現的好處。

＊　＊　＊　＊　＊

此外，商業界也有「提問」效果的報告。

讓我們來看看研究人工智慧的知名公司 Gong.io 進行的調查吧[4]。

該公司的研究員克里斯・奧洛布（Chris Orlob）與多家企業合作，爲各公司銷售員的商談進行錄音。在紀錄整理了五十一萬九千筆資料後，利用機器學習，調查「頂尖的銷售員有何不同之處？」

答案很明顯，相較於業績不佳的銷售員，頂尖績效者的提問數量有較多的傾向。具體來說，成功率爲46％的銷售員，在每次商談的提問數爲1～6個問題；而頂尖績效者的問題數則爲每次11～14個，其成功率甚至高達74%。

兩者之所以有如此明顯的差距，是因爲優質的問題具有刺激「後設認知」（Metacognition）的作用。

後設認知是能爲我們帶來「更高層次觀點」的大腦系統，例如當我們在發表時，意識到「說話速度太快」，或者在下廚時考慮到「先煮根莖類可以節省時間」，當我們浮現了思維，想從更高層次觀察自身的行爲時，你的腦內就是正在啟動後設認知。

如果沒有後設認知能力，我們就無法在發表過程中，察覺到客戶的反應變糟，或是無論過了多少年，料理手藝仍無改善。由於缺乏退一步的觀點，就無法瞭望整體，從而失去了察覺世界微小變化的能力。

然而，當後設認知功能運作時，我們的行爲會有很大變化。

例如，假設你正在努力練習發表。此時如果你用以往的做法重複排練，或許確實能看到一定程度的進步。可是，如果你能在此時提出「有沒有更巧妙地傳達重點？」「還有其他有用的資訊嗎？」「圖表可以有不同的呈現方式嗎？」等問題，

# 由問題引發問題，提升察覺力

爲了用提問的力量來提升察覺力，希望各位讀者務必採用的是「Q矩陣」（106～107頁）。這原本是由加州大學的教育學團隊開發的技術，它將我們日常使用的問題彙整成36種模式[5]。

確認此效果的數據也很豐富，使用Q矩陣多次訓練的學生，每個都更熟練如何使用後設認知，也增加了自己產生問題的數量，而且也確實提高了學校的成績[6]。如果想培養後設認知並擁有廣闊的視野，這就是應該先使用的技術。

Q矩陣有多種版本，這裡提到的是以心理學家史賓塞・卡根（Spencer Kagan）的原案爲基礎，並由我進行部分修改，以利更容易刺激後設認知[7]。

請見下一頁的表格以便進行說明。

| 誰？ | 為什麼？ | 怎麼做？ |
| --- | --- | --- |
| **4**<br>誰來做呢？<br>誰正在做呢？<br>對誰做呢？ | **5**<br>為什麼會這樣？<br>為什麼～很重要呢？ | **6**<br>怎麼做才能變成那樣？<br>這是怎樣的機制？<br>～和～在哪些方面相似？ |
| **10**<br>以前是誰做的？<br>以前是對誰做的？ | **11**<br>為什麼會變成這樣？<br>過去～很重要是為什麼呢？ | **12**<br>怎麼會變成這樣？<br>以前是怎樣的機制？ |
| **16**<br>誰能做得到？<br>誰完成了這件事？ | **17**<br>為什麼能做到？<br>為什麼會發生？<br>為什麼～可能是最好的？ | **18**<br>如何能做到？<br>如何做到的？ |
| **22**<br>誰是可能做到的？<br>誰辦得到？ | **23**<br>為什麼有可能？<br>為什麼會實現？ | **24**<br>如果用其他方法，會怎麼樣？<br>～與以前學過或者習得的事情有什麼關聯呢？ |
| **28**<br>誰想做？<br>希望～和誰有關係？ | **29**<br>為什麼想做～？ | **30**<br>希望怎麼做～？<br>為了～，我們可以如何使用～？ |
| **34**<br>如果涉及（人名），會怎麼樣？ | **35**<br>如果原因是～的話，會怎麼樣？<br>你贊同～嗎，還是反對？ | **36**<br>如果採取其他手段，會怎麼樣？<br>如果～改變了，會怎麼樣？ |

## Q 矩陣

| | 什麼？ | 什麼時候在哪裡？ | 哪個？ |
|---|---|---|---|
| 現在 | 1<br>～是什麼？<br>～的意思是什麼？<br>～和～的差異是什麼？ | 2<br>什麼時候？<br>在哪裡？ | 3<br>～是哪一個？<br>～要選哪一個？<br>～的優點和缺點是什麼？ |
| 過去 | 7<br>你做了什麼？<br>～是什麼意思呢？<br>以前是怎樣的？ | 8<br>是過去的什麼時候呢？<br>在過去的哪裡呢？ | 9<br>～以前是哪一個？<br>～以前你選了哪一個？<br>以前～的優點和缺點是什麼？ |
| 可能性 | 13<br>可以做什麼？<br>關於～，最佳選擇是什麼？ | 14<br>什麼時候能完成？<br>可以在哪裡完成？ | 15<br>哪個可以做到呢？<br>還有其他可能性嗎？ |
| 預測 | 19<br>什麼是可能的？<br>或許還有其他可以解決～的方法？<br>～對於～，會帶來什麼結果呢？ | 20<br>可能在什麼時候？<br>可能在哪裡發生？ | 21<br>哪個是可能的？<br>若選擇其他選項，會變成什麼樣？ |
| 意圖 | 25<br>你想做什麼？<br>～的意思是什麼？<br>關於～，我們知道和不知道的是什麼？ | 26<br>什麼時候想做？<br>想在哪裡做？<br>對時間和地點有什麼想法？ | 27<br>想做哪種選擇？ |
| 想像 | 31<br>如果變成～了，會發生什麼事？<br>比較～和～的結果是什麼？ | 32<br>如果時間和地點變成～會有什麼結果？ | 33<br>如果選了～，會怎麼樣？ |

等級 1　等級 2　等級 3　等級 4

如各位讀者所見，Q矩陣由6×6的表格組成，每個格子都配置著特定的問題。之所以將整個表格分爲四種濃淡配色，是因爲每個區域在產生「問題」時，難易度不同。

對初學者而言較易使用的是等級1的區域，這裡列舉一些簡單的問題，例如「什麼？」「誰？」

例如，假設在等級1思考關於「天空」的主題，可能會浮現像是「天空有哪種顏色？」「現在的天空與過去的天空有什麼不同？」等問題。這些問題的答案很簡單，只要知道事實的關係就可以得到答案，像是「天空有藍色和紅色等顏色」、「過去的天空沒有空氣污染」等等。簡單的問題並不代表不好，但是這些疑問並不會引發深入思考的能力。

另一方面，等級2到4的問題模式，則需要分析力和創造力，可以引發更高層次的問題。

例如，如果我們和剛才一樣，對於「天空」的主題，用20號「何時在哪裡？＋預測」的組合思考問題會怎麼樣呢？可能就會想到「天空是從哪裡變藍的呢？」

「其他星球的天空是怎樣的？」等問題。

要解決這些疑問，只靠單純的事實確認是不可能的。爲了找出答案，必須反覆深入思考和推論，例如「海的藍色和天空的藍色是一樣的嗎？夜晚不是藍色的，或許與太陽的光線有關？」「因爲月球表面的影像中沒有天空，從行星的地表向上看，只能看到宇宙嗎？其他行星是否也有地表？」

這樣的訓練可以鍛鍊察覺力，因爲**高級的問題具有「問題衍生問題」的特性**。

舉個例子來說，讓我們試著在網路上搜尋剛才提到的問題：「天空是從哪裡變藍的呢」，於是我們得知，在太陽光經由地球的大氣層散射到四面八方時，藍光的散射比其他顏色更多，這就是原因。

這個已經是十分令人滿意的答案，但如果我們繼續使用Q矩陣會怎麼樣呢？

「光線散射的方式有差異的原因是什麼？」

「光的分子會如何散射？」

「爲什麼太陽看起來是紅色的？」

以最初的疑問爲立足點，可以產生更多的問題。像這樣的「連鎖問題」正是高級提問能夠得到的最大優點。

在累積訓練的過程中，我們的內心可以培養兩種觀點。

❶從更高層次的觀點凝視世界。

❷以感興趣的觀點凝視世界。

第一點是藉由後設認知擴大視野。如前所述，強化了後設認知能力的人，能夠從更高層次眺望一切事物，藉此通盤瞭望整體。如果要比喻的話，從後設認知得到的觀點擴大，就像老鷹從高空瞄準獵物一樣。比起從貼近地表的位置尋找獵物，從拉開距離的位置放眼眺望世界，當然更容易察覺到變化。

而第二點重要的是，透過連鎖的問題，可以增加對世界的興趣。從一個問題衍生不同問題的狀態，會挑起我們對世界的興趣，因此具有讓我們關注周圍微小變化的效果。

懸疑小說也一樣，比起並列毫無關聯的謎團，謎團引發謎團的發展，更能引發讀者的興趣。同樣地，**藉由反覆體驗問題衍生問題的過程，我們的大腦會變得更善於關注身邊微小的變化**，也讓察覺力提高到相應的程度。

## 嘗試使用Q矩陣

使用Q矩陣時，可以從表中選擇喜歡的問題，但建議在不熟的時候，可以按照以下步驟進行。

### 步驟1：選定主題

首先要選擇使用Q矩陣的題材。36個模式的問題可以用在任何主題，像是「英語」、「狗」、「嘻哈」、「恐怖電影」、「公司的上司」等等，無論選哪種主題都沒有問題。

如果很難決定特定主題的話，請試著選擇「稍微有點興趣，但還未能專心投入的主題」。「雖然想試著學統計，但好像很難呢……」「想要看串流連續劇，但沒有時間……」可以像這樣，選擇那些似乎能激發好奇心，但因爲某些理由而無法積極實踐的事情。

連這種主題都找不到的時候，建議先定下「無論什麼都好，每天只用Q矩陣5分鐘」的事情，也推薦你從當天感興趣的話題中創造問題。例如，當你看到稅金的新聞，可以試著思考：「如果消費稅不存在的話？」當朋友提到桌遊的話題時，可以自問：「喜歡這款遊戲和不喜歡的人有什麼不一樣？」只要是你當天稍微感到興趣的話題，不管選什麼都沒關係。一天只要五分鐘就好，讓我們試著把每日的提問變成習慣吧。

## 步驟2：製造問題

決定主題後，就來實際製造問題。這裡也可以從36個問題模式中選擇喜歡的，但是當你熟悉Q矩陣的訓練後，讓我們逐漸增加等級2至4的模式吧。

雖然等級1的問題並不是不好，但如果一直停留在相同的區域，就很難促進後設認知的成長。請盡量混合高等和低等的問題，並用心製造問題。

無法選擇這種問題的人，可以優先嘗試以下三種問題。

◎**模式24**「～與以前學過或者習得的事情有什麼關聯呢？」

◎**模式25**「關於～，我們知道和不知道的是什麼？」

◎**模式31**「比較～和～的結果是什麼？」

在許多模式中，這三個問題有特別容易刺激後設認知的傾向。當你困惑如何選問題時，請試著使用看看。

## 步驟3：解答

最後讓我們來思考問題的答案。回答沒有固定的方式，透過網路搜尋也好，嘗試詢問他人也好，請使用你喜歡的方法。

這個步驟重要的是，絕對不需要尋找好答案。當你在步驟2中創造了自己獨有的問題時，訓練的目的已經達成一半了。把尋找答案視爲附帶階段，在你提出問題時就算可以了。

Q矩陣的使用方法說明到此結束，只要你重複進行這個訓練，最後就會讓你的內心發生重要的變化。每天不斷重複提問的過程中，提問的模式就會植入腦中，最後卽使在日常生活中見到微不足道的事物，也會反射性地腦海浮現多個問題。

◎為什麼有的起司會融化延展，而有的起司不會融化呢？

◎「又踢又踹（譯註：「ふんだりけったり」日文比喻屢遭不幸，禍不單行的意思）」的說法是從加害者的觀點來說的吧？

這些都是很小的疑問，但透過這種日常的「問題」累積，可以提高我們的察覺力，結果也會增加你抓住好運的可能性。

# 為什麼會存在「容易遇到不幸的人」？

世界上不知爲何有些運氣不好的人。

走在路上會有鳥糞掉在頭上；旅途中遇到大雨；在職場上被迫與討厭的對象搭檔；在知名店家排隊，結果商品在輪到自己的時候賣完。

雖然有句話說「禍福相倚，如繩糾纏」，但很明顯應該有不少人覺得，自己比別人不幸。

這種現象，眞的只是當事人自以爲嗎？還是眞的只存在於特定人士身上呢？

關於這個問題，中國科學院的團隊進行了有趣的實驗[8]。

研究團隊首先詢問參加者是否曾經發生過交通事故，之後給所有人看多張照片，測量他們的腦波反應速度。使用的照片有三種，據說準備了80張圖像，包括「正面的照片（例如快樂的人們之類的）」、「負面的照片（例如哭泣大叫的小孩之類的」、「中性的照片（例如城市風景之類的）」。

結果顯示的事實是，過去發生過人身事故之類嚴重事故的人，更容易對悲觀的訊息有反應。事故較少的駕駛人，注意正面的照片和負面照片的時間相等；而事故較多的人則有較長時間注意悲慘的影像。也就是說，事故較多的駕駛人，對負面訊息更敏感。

應該有人對此感到很不可思議吧。爲了安全駕駛車輛，我們必須積極注意負面的訊息。如果漏看沿途快要衝出來的小孩，或在路肩上蛇行的自行車等物體，事故發生的機率確實會上升。儘管如此，爲什麼反而是對負面訊息反應大的人發生比較多事故，原因出在哪裡呢？

答案是，因爲**越容易注意負面訊息的人，視野就越狹窄**。

例如，假設有個駕駛人正在駕駛汽車，有一輛超速的車在對向車道，並以驚人的速度會車。

在這種情況下，優良的駕駛人只會想著「好危險」，並立刻重新專注在眼前的道路上。然而，發生較多事故的駕駛人，他們則會一直把超速車的訊息留在腦中，無法輕易地轉換注意力。

這種現象的專業名稱是「負面偏誤（Negativity bias 或稱爲 Negativity effect）」。指的是**比起正向訊息，更關注負向訊息的心理現象**，這種傾向較強的人，總是只在意人生不好的方面，因此他們的視野比較狹窄。

負面偏誤和交通事故之間的關係已多次得到驗證，根據愛爾蘭國立大學等機構的報告，這種心理傾向較強的人更容易被不必要的事情分心，而且容易引發重大事故[9]。英國開放大學的實驗結果也一樣，受到負面偏誤影響的人，注意力一次只能放在一件事情上，提高了錯過眼前重要的訊息的可能性[10]。

問題在於，這些負面經驗的累積會招來更多的不幸。一旦「我很不幸」的印象扎根深入腦中，負面偏誤就會在各種情況下開始發揮作用。

◎ 雖然對新的運動有興趣，但覺得自己就算做了也做不好。
◎ 雖然參加了陌生人的聚會，但別人的言論總有討厭的地方，一個個都讓我感到不悦。

◎雖然對有趣的活動有興趣，但是總覺得會發生討厭的事，所以打算待在家裡。

如果對所有行動都會在腦海中浮現不幸的意象，每次都會降低你的察覺力就不用說了，也會造成你自己關閉了人生新可能性的那扇門。這樣一來好運的總量也不可能增加。

## 以「擴大視野行動清單」保持寬廣的視野

逃離負面偏誤的陷阱，不斷保持寬廣的視野。

希望各位在挑戰這個目標時，使用的是「擴大視野行動清單」（122至127頁）。這是和前一章的「好奇心行動清單」（65至69頁）一樣，由50種行動組成的清單，開發目的是用來減輕負面偏誤。

根據南方衛理會大學的實驗結果，實踐了50種行動的受試者在大約四週後，出現了顯著的改善。具體來說，整體上經歷負面情緒的次數減少，神經質的人變得更大方，易怒的人更放鬆，正向情緒也增加了。

在14到15頁的測驗中，「察覺力」分數較低的人，建議一開始可以先從這個訓練開始著手。

清單的使用方法與「好奇心行動清單」相同，在大致確認所有行動後，請選擇你認為「應該可以做到的」，每週選擇一至四個行動，持續約四週時間。無論哪個行動，都是在模擬「心靈寬裕的人」的行動，無論負面偏誤多強的人，每次持續做，應該都能讓心理變得更平穩。

## 擴大視野行動清單

1. 睡醒時，試著大聲說出「今天要有意識地度過美好的一天」
2. 情緒變得不穩定時，停下來做幾次深呼吸
3. 在睡前寫下一天當中發生的正面事件，以及對這些事有什麼感覺
4. 至少花五分鐘，刻意嘗試露出笑容（無論是獨自一人的時候，還是在做某事的時候都可以）
5. 以笑容和親密的朋友或家人交談
6. 睡醒後，花五分鐘以上，在心中清單列出自己感謝的事（例如：朋友、家人、安全的地方、乾淨的空氣等等）
7. 嘗試花30分鐘做自己喜歡的事
8. 向其他人傳達感謝的心意（例如：感謝授課優良的老師、向朋友表達感謝之情等等）
9. 睡前寫下明天應做任務中的一件好事

## 擴大視野行動清單

**10.** 至少花30分鐘以上閱讀

**11.** 如果有什麼擔心的事，試著寫在紙上

**12.** 與重要的人（朋友、家人）共度一個小時以上的時間，或外出邂逅新的人

**13.** 睡前至少花五分鐘，試著仔細思考目前人生中相遇的人，與喜歡的人之間的關係（例如一起參與的活動或親切對待我的記憶等等）

**14.** 去瑜伽教室上課，或在自己家裡做大約10到20分鐘的瑜伽

**15.** 試著至少運動15分鐘

**16.** 睡醒後，進行五分鐘以上的冥想

**17.** 若對未來感到不安，試著花兩分鐘以上想像最好的未來

**18.** 至少花五分鐘把一天發生的事寫在日記上（不只寫下實際發生的事，也要寫下自己的感受）

## 擴大視野行動清單

19. 感到有壓力時，至少花2分鐘回想過去的成功經驗（例如：在演講時感到緊張時，回想過去成功的演講經驗）

20. 試著把感謝的事上傳到社群媒體

21. 對決定感到不安時，將各種選項的優點和缺點列出來

22. 若有人稱讚自己，不假思索地說聲「謝謝」

23. 與一位或多位朋友、熟人，一起享受一小時以上活動的樂趣，例如運動、健行、購物等等

24. 打電話給朋友或家人，試著聆聽對方說的話

25. 和朋友一起喝咖啡，並坦誠地訴說自己人生中的好與壞

26. 至少花五分鐘，試著把自己人生的美好之處全寫在日記裡（例如：乾淨的空氣、陽光、朋友和熟人的存在等等，不管什麼小事都可以）

27. 如果有什麼擔心的事，告訴親近的朋友或家人

## 擴大視野行動清單

28. 感到沮喪時，寫下可能會有正面結果的事

29. 和親密的朋友或家人坦率討論自己的人生和感受

30. 至少花10分鐘，用智慧型手機試著尋找讓自己感到幸福的照片（漂亮的花，朋友、舒適的床，自己等等）

31. 向親密的朋友或家人傳達感謝的心意

32. 至少花5分鐘，慢慢欣賞美麗的事物（例如：閉上眼睛慢慢享用美食、坐在河邊閉上眼睛享受水流的聲音、找出漂亮的藝術品或花朵，仔細觀察並回味自己的感受）

33. 捐錢給慈善團體

34. 放聲大笑。與朋友一起做些有趣的事，或者尋找搞笑的影片開心笑一笑

35. 感到負面情緒（悲傷、憤怒、壓力等等）時，至少花5分鐘寫下你感受到這個情緒的原因

## 擴大視野行動清單

**36.** 一天至少運動30分鐘

**37.** 不期望回報，善意對待他人

**38.** 至少花5分鐘，把自己的優點和長處寫在日記裡

**39.** 在今天一天當中，至少回想五件正面的事（例如：「今天的天空很乾淨」、「今天能見到朋友很好」、「這張沙發坐起來很舒適」、「河川的聲音太棒了」等等）

**40.** 感到正面的情緒時，試著至少花2分鐘在心中仔細思考這件事（是什麼讓我感到開心？爲什麼會開心？等等）

**41.** 列出三項你認爲理所當然的「正面事情」，再念出來（例如：「我很喜歡自己的公寓」、「在校園散步很開心」等等）

**42.** 運動45分鐘以上

**43.** 意識到負面的想法時，請先承認這個負面的想法，然後爲相同的主題，想出三個正面觀點（例如：「我不喜歡星期天下雨。可是，

## 擴大視野行動清單

多虧下雨，我可以悠閒地在家，讀我想讀的書，雨聲也不錯」）

44. 覺得現在的狀況很負面時，不僅要承認不好的事，也要在心中列出三項正面的事
45. 將自己想做的有趣事情列出來，並嘗試實際執行
46. 對某人感到憤怒或憤慨時，至少花2分鐘回想這個人的優點
47. 如果有負面的想法出現，至少花2分鐘寫下可能否定該內容的證據（例如：「感覺沒人喜歡我。可是，其實我並不了解他人的心意，而且應該有熟人、老師和家人喜歡我。」）
48. 被某人的言行傷害或激怒時，至少花一分鐘試著思考那個人行爲討厭的原因（例如：「他今天可能身體不適吧」）。
49. 如果有討厭的事，尋求社會性支援（朋友或家人，以及有相同嗜好或朝著相同目標努力的團體等等）
50. 特別鎖定過去傷害了自己的人，試著原諒他

# 大多數人最好在人生中少點自信

「唯有了解自己實力的不足，才能充實自己的實力。」

古代基督教哲學家奧古斯丁斯在4世紀留下了這樣一句話。意思是如果希望眞正發揮自己的能力，在此之前，必須認知自己能力不足的事實。的確，如果總是認爲「我有足夠的知識和技能」，當然就不會再繼續努力，一旦自己犯錯時，也無法靈活應對。

這句話確實很耐人尋味，其實在這十幾年的研究中，也表明了奧古斯丁這句話的正確性。

你知道「**理性謙虛**」這個詞嗎？

一言以蔽之，在能夠正確掌握自己的知識和能力極限的狀態下，擁有理性謙虛的人之所以不會執著於自己的意見，是因爲他們意識到自己的不足之處。綜合許多資料來看，高度理性謙虛的人，可以看到以下幾點特徵[11]。

◎知道自己的錯誤，修正意見不固執己見
◎即使遇到和自己意見不同的對象，仍不失寬容的態度
◎擅長以數據或事實為基礎接近真相

擁有理性謙虛的人知道自己的極限，因此不容易受到偏見的迷惑，能夠根據客觀資訊追求眞相。可以說，這種心態與「傲慢」截然相反，以一般的語詞來表達，最貼切的應該是「靈活的精神」吧。

**要提高你的察覺力，靈活的精神是不可或缺的要素。**前提是我們必須注意身邊發生的變化，才能抓住良好的偶然。長在弗萊明培養皿上的青黴菌，還有斯賓塞融化的巧克力，都是代表性的例子。

可是，這種周圍的變化，指的也就是「與熟悉的日常不同的狀態」。這種時候

如果沒有靈活的精神，我們就會對發生在眼前的變化視而不見。因爲對自己的知識毫不懷疑，也就無法擺脫「青黴菌和巧克力只是一種失敗」的想法。

所有的突破只會發生在我們改變以往思考方式的時候。儘管如此，如果一直墨守自己的思考方式，那麼抓住好運是不可能的。

只不過，困難的點在於，世界上大多數人容易自以爲「我具備理性謙虛」。

請試著回想一下，你察覺到某個重要錯誤時的情況。

政治問題、精神信念，以及人生中想做的事等等，與自己身份相關的事情，你最後是在何時改變想法的？還有，那是怎樣的心情？

大部分的人恐怕都會感到相當痛苦，或是直到最後都沒改變想法，應該是上述兩者之一。

事實上，根據杜克大學的調查，當被問到「與他人意見不同時，自己正確的機率有多高？」時，82%的參加者回答「與他人意見不同時，自己幾乎都是對的」[12]。相反地，回答「自己是正確的情況爲一半以下」的人數，僅僅不超過4%。這個數據讓我們理解，自己是多麼固執己見的生物。

以理性謙虛的研究而聞名的馬克・利瑞（Mark Leary）說過這樣的話：

「大多數人最好在人生中少點自信。因爲每個人對自己的信念或意見，常懷有過度的自信。」

也就是說，讀到這段文字並且眞誠地認爲「想要鍛鍊理性謙虛」的人，更有可能已經具備了理性謙虛的特質。反之亦然，如果你覺得「我有理性謙虛的特質」，那就是危險信號。

# 鍛鍊「理性謙虛」的三種訓練

「理性謙虛」是研究歷史尚淺的概念，但根據近幾年的調查顯示，這是可以通過訓練鍛鍊而成的。這裡將介紹三個代表方法。

## 方法1：好處學習法

「好處學習法」是最簡便的訓練法之一。這個做法非常簡單，只要「學習理性謙虛的好處」就可以了。「理性謙虛有怎樣的效果？」「學會理性謙虛以後，會發生怎樣的變化？」光是知道這些疑問的答案，就算充分發揮訓練的作用。

或許有人會覺得「這麼簡單就可以嗎？」但這個手法自古以來一直用在研究理性謙虛的世界，是正統的訓練之一[13]。

我們大多數人只要感受不到具體的好處，當然就不會改變自己的行動。沒有人會自願承認自己的錯誤，要是沒有相當的好處，就無法激發學習謙虛的動機。學會理性謙虛的第一步，是先理解它有什麼好處。

那麼，讓我們來看看這幾年提出報告的理性謙虛的好處。

## ◉更善於看清真相

根據二〇一七年由杜克大學進行的研究顯示，理性謙虛程度越高的人，更能明確區分科學上正確的健康方法和可疑健康方法的差別。理性謙虛的人，總是意識到自己的想法可能有誤，因此善於對證據的品質提高警覺[14]。

## ◉獲得廣泛的知識

根據心理學家馬克・利瑞等人的研究，具有理性謙虛的參加者，會花很多時間去理解與自己意見不同的主張，而且即使是無法同意的想法，他們也會深入思考[15]。結果讓他們能夠獲得超越自己知識界限的廣泛知識。

## ◉容易討人喜歡

高度理性謙虛的人，能夠積極接受不同意見的人，因此更容易討人喜歡。根據二〇一五年霍普學院的研究[16]，擁有理性謙虛的人，即使只花短短30分鐘進行交流，也能得到對方正面的評價。

## ◉也有利於戀愛

在一項調查理性謙虛與戀愛的關聯性研究中，結果顯示，理性謙虛程度較高的人更受歡迎，而且比理性謙虛程度較低的人，更滿意伴侶關係[17]。高度理性謙虛的人，善於解決人際關係的問題，因此也被認爲他們有較強能力解決戀愛的麻煩。

簡單來說結論是，擁有理性謙虛的人，更容易接近世界的眞相，也更傾向於與他人進行良好的溝通。請牢記這些好處，並嘗試在平時就意識到理性謙虛。

## 方法2：錯誤確認法

牢記理性謙虛的好處之後，接著也來嘗試「錯誤確認法」吧。這個訓練法和好處學習法一樣簡便，而且效果很好。

實踐時以兩步驟進行。

❶若你對某事深信不疑，先暫時停下腳步

❷自問：「我是不是錯了？」

在網路上看到難以理解的主張而焦躁不安時，試著自問：「難道是我錯了嗎？」若你覺得上司的指示絕對是錯的，試著探討：「有沒有可能是自己不合理？」如果朋友無條件地贊同我的意見，試著想想：「會不會其實我有哪裡錯了？」

若你深信不疑「這絕對是正確的」，請暫時把這種感覺放在一旁，思考你自己是錯誤的可能性。累積這個作業能培養我們的理性謙虛。

接下來說明此訓練能產生效果的原因。

說到底，在社會的討論中，本就沒有明確非黑卽白的事。如果是誤認事實眞相就另當別論，但大部分的情況都是，正確和錯誤的理解會複雜地混雜在一起，無法輕易得出結論。總而言之，在我們內心產生絕對深信的時候，這種認知有很大可能是錯的。

可是，如前所述，人類是固執己見的生物。只要稍微放鬆，我們很快就會忘記理性謙虛，毫不懷疑地相信自己的正確性，最後喪失了思考的靈活性。

沒有特效藥可以從根本解決這個問題，基本上只能靠不時懷疑自己。「只要心生深信就懷疑」把這點放在心上，並每天重複適度失去自信的作業吧。

## 方法3：他人解說法

爲了培養理性謙虛，自我分析是不可或缺的。因爲若不正確地理解自己，就無法掌握自己能力的極限，甚至無法達成「我的知識不足」的想法。

在這方面值得一試的，是「他人解說法」的訓練。這原本是從社會科學領域中發展出來的技法之一，用於緩解人們苦於憂鬱和不安的症狀。

他人解說法依照以下步驟進行。

❶從日常生活選擇一個適當的主題
❷以滿分十分來評價自己，可能對這個主題，能夠多巧妙地向他人說明
❸向朋友、伴侶等對象，以容易理解的方式解說此主題
❹以滿分十分來評價自己，實際對這個主題，能夠多巧妙地向他人說明

選什麼主題向朋友解說都沒關係，但與其從你專業或興趣的領域中尋找主題，更建議你從日常生活的一般事物中選主題。選擇非常貼近生活，平時不太留意的主題，例如「海水是鹹味的原因」、「消費稅的機制」、「拉鍊能夠開關的原因」等等，可以提升訓練的效果。

根據耶魯大學等研究的結果顯示，嘗試過他人解說法的受試者在實驗結束時，有大半的理解程度評分下降了約1至3分[18]。多虧這個方法，受試者也減少了對他人的傲慢態度，面對異於自己的意見，也展現了寬容的態度。

這個原因不需詳細說明也知道，是因爲在**我們反覆向他人說明的過程中，會讓我們認知到自己知識有限**。

例如，如果要向他人解說「海水是鹹味的原因」，會怎麼做呢？

「海水味道之所以是鹹的，是因爲氯化鈉溶解在其中。而形成的原因是岩石含有的氯化鈉流入海水，至於岩石溶解於海水的原因則是……」

儘管能說出海水與氯化鈉的關係，但能夠詳細說明到，含鹽酸氣體包圍了原始地球的人就很少了。就算只取身邊一個「海水是鹹的」事實來說，我們的知識也很快就迎來了極限。透過多次認識此一事實，我們的大腦就能逐漸學會謙虛。

雖然沒有規定實踐他人解說法的時間，但可以的話，最好每天五分鐘持續進行約四個星期。請試著找來知心朋友，以玩遊戲的心情投入其中。

# 在沒有目的地的旅程中，有許多新鮮的驚喜

本章講述了培養察覺人生攻略提示能力的方法。任何一種訓練，都能拓寬你的視野，提高你察覺周遭發生良好偶然的技能。

只不過，實踐本章的內容時，請務必意識到「放棄目標導向」。例如，如果在擴大視野行動決定「每天運動30分鐘」，那麼設定「瘦五公斤」、「變得更健康」之類的目標就不好了。

當你決定了明確的目標時，你的意識容易把注意力放在達成目標上，而讓視野因此變得狹窄。進行運動時，最好把目標放在「能舒服地活動身體就好」。

未決定去哪裡就出發的旅行，也會因此提高邂逅新驚喜的機率。同樣地，避免明確的目標，也應該能讓發生在你身上的偶然事件，變得更加豐富。

# 第3章

# 挑戰主線任務

——幸運＝（行動×多樣＋察覺）×恢復

眞正的戰鬥終於開始了

——引自《*Undertale*》

## 要活用運氣，光靠豐富多彩的行動還不夠

一八八六年，美國藥劑師約翰・彭伯頓（John Stith Pemberton）在開發新的配方藥時，誤用了蘇打水代替水，結果成功開發出好喝的清涼飲料，這種飲料被命名爲「可口可樂」，以能夠有效恢復疲勞的藥用飲料上市銷售。

事業在這之後逐漸成長，但不久後事態卻有了意想不到的發展。銷售兩年後，彭伯頓只用一美元就將可口可樂的權利售出。

雖然這起事件存在多種原因，但其中最大的原因是，彭伯頓堅持將產品當作藥用飲料銷售，這被認爲是銷售額無法成長的原因。可口可樂確立現在地位的時間，是在企業家阿薩・坎德勒（Asa Griggs Candler）購買可口可樂權利之後，他將商品換裝於時尚的瓶中，並重新打造爲「爽快清涼飲料」的品牌。

從這則軼事我們可以知道，**探索人生並累積多樣經驗固然重要，但同時也不能欠缺持續參與特定行動的工作**。有關這點以下是簡單的說明。

在目前爲止的流程中，我們做的是提高好運的發生率。第1章談的是增加行動量和多樣性，這兩者能改善良好偶然降臨的機率。接下來的第2章，則要使用「提問」的力量，來培養察覺世界變化的能力。光是完成這一兩個訓練，就能確實增加抓住好運的機會。

話雖如此，若在這個階段結束訓練，就無法期待獲得巨大成功。發明可口可樂的彭伯頓雖然受幸運的眷顧，開發出好喝液體，但因中途放棄銷售，而未能充分發揮發明物所擁有的潛力。

在我們的生活中也有很多類似的情況，即使在準備簡報時，偶然找到良好的資料，如果怠於費心將這些訊息整理得易於理解，就無法獲得巨大的成功。即使從很久沒見面的朋友那裡接到案件，如果不能堅持到最後完成委託，也會無法帶來下一份工作。**要充分利用運氣，只靠多樣的行動是不夠的**。

# 「好運連連」是偶然的嗎？

如何才能充分運用好不容易抓住的好運潛力呢？

爲了找到這個方法，先讓我們試著思考一下「好運連連（Hot Streak）」這個現象。

好運連連（Hot Streak）是在賭博界中很常見的詞彙，指的是在撲克牌、輪盤等賭局中連勝的狀態。在所謂「勝利產生勝利」的狀態下，進入好運連連狀況的人，會展現出比平常更佳的表現，這可以說是「人生的機率變動狀態」。

這種現象不僅發生在賭博，在運動、藝術、商業等世界也會發生類似的現象，並不稀奇。

在短短九年間，導演勞勃・辛密克斯（Robert Lee Zemeckis）連續推出了《回到未來》系列和《阿甘正傳》等傑作；而約翰・貝內特・芬恩（John Bennett Fenn）則在幾年內完成了足以獲得諾貝爾獎的研究，這兩位都是很好的例子。在極短的期間內，我們可以看到一些天才的例子，達成了能留存後世等級的成就。

可是，每個人對此關心的地方是「好運連連是偶然的產物嗎？」如果在「好運連連」之中，有除了偶然以外的其他要素，我們應該也能像辛密克斯還有芬恩一樣，引發人生的機率變動。好運連連的發生是單純的偶然嗎，還是由於某些發生條件導致的？

爲了尋找這個問題的答案，我們來確認一下西北大學的好運連連研究[1]。

在開始調查時，研究團隊首先分析了2128位知名藝術家的職業生涯，例如梵谷和傑克遜・波洛克（Jackson Pollock）。AI以深度學習處理多達80萬張作品資料，定量調查每位藝術家的作風走向變遷。此外，研究也同樣彙整了4337位電影導演的約7萬9000部作品資料，以及2萬多名科學家發表的學術論文等資料，並檢查他們各自爲世界帶來的影響。總之，研究團隊以畫家、電影導演、科學家這三個類型，來調查好運連連的發生模式。

# 天才是反覆進行「廣泛的實驗」和「集中於一點」

這裡讓我舉幾個發生好運連連的名人例子吧。

◎後印象派的代表畫家梵谷，在一八八八年以前，主要從事靜物畫和鉛筆畫等等，喜好類似米勒作品的大地色。可是，在發生好運連連之後，接連創造了畫風完全改變，且色彩鮮豔的名作，例如《夜晚露天咖啡座》和《向日葵》等等。

◎電影導演彼得 傑克森（Peter Robert Jackson）過去以擅長製作殭屍電影和

奇幻懸疑片的作風而聞名，但他自二〇〇一年起發表《魔戒》和《哈比人》三部曲，開始進入好運連連的狀態。他獲得了前所未有的成功，但之後將重心轉移到製作紀錄片，現在也仍持續摸索新的風格。

◎化學家約翰 芬恩在進入好運連連狀態之前，從分子束到噴射推進等多種主題，他都曾著手研究，但在電灑游離（Electrospray ionization）的研究獲得成果後，他專注於相同的主題，並於二〇〇二年榮獲諾貝爾化學獎。

◎抽象畫大師傑克遜 波洛克，是一位長年以來，不斷嘗試傳統西方繪畫和超現實主義等多種風格的藝術家。可是，他自從一九七四年進入了好運連連狀態之後，就把資源投入於「滴畫法」，一種將畫布平鋪地板，再用顏料滴濺畫布的技法。

**發生好運連連的天才，都在反覆進行「廣泛的實驗」和「集中於一點」**。這個趨勢在繪畫、電影和科學這三個領域都得到了確認，且在十九世紀到現代的各個時代都呈現類似的傾向，因此被認爲是具有高度普遍性的現象。

此外，這種傾向反之亦然，研究還得到了以下的結果。

◎在反覆進行了廣泛的實驗後，如果不能聚集在一個焦點上，好運連連的發生率會大幅下降。

◎在好運連連平息之後，如果不再恢復廣泛的實驗，之後的好運連連發生率也會大幅下降。

總之，「廣泛的實驗」和「集中於一點」總是一套的。交替重複這兩者，我們就能正確活用運氣。

就像先前看過很多次的，單純只是探索世界，我們無法發揮運氣的潛力。以RPG的隱喻來說，這就像在掌握攻略的提示後，就放棄繼續玩一樣，如果不挑戰更重要的任務，是不可能朝結局前進的。

因此本章將和第2章一樣，再次處理「行動」在好運方程式中的使用。不過，在第2章注重的是行動的「量」；而本章則聚焦於行動的「質」。

並非只是完成大量行動，而要**培養持續特定行動的能力，發揮運氣的潛力**，這就是本章要達到的目標。

# 學會「持續性技能」的三項訓練

爲了學會持續的技能，本章也準備了三項訓練。

❶成長領域訓練
❷忍耐的微劑量
❸分析適合自己的目標

這三種都是在心理治療和教練的世界中所使用的技法，並被公認爲能夠提高客戶的持續力和行動力。因爲不須進行所有的訓練，請同時參照第14至15頁的測驗結果，並將重點放在發展自己不足的技能。

## 持續技能訓練1：成長領域訓練

讓我們開始來實踐吧。

要提升持續的技能，首先介紹的是「成長領域訓練」。這是筆者根據史丹佛大學的心理學團隊提出的構想，重新組合設計為訓練技法，提高我們的行動力[2]。

為了理解訓練的基礎，請先參見下頁的圖示。這是將我們提升能力沿路所走過的路線，大致整理成概念圖。以下簡單說明圖示的意義。

### ◉舒適區

位於最上方的「舒適區」是我們能夠感受到「自己該做的事是可控的」的區域。像是熟悉的工作、過往的嗜好、與同伴的對話等等都是典型的例子，在這種狀態下，因為能夠完全掌握自己的行動會帶來什麼結果，所以不會為了不安而苦惱。可是，另一方面，這也代表只做熟悉的行動，很難受惠於意外的好運。

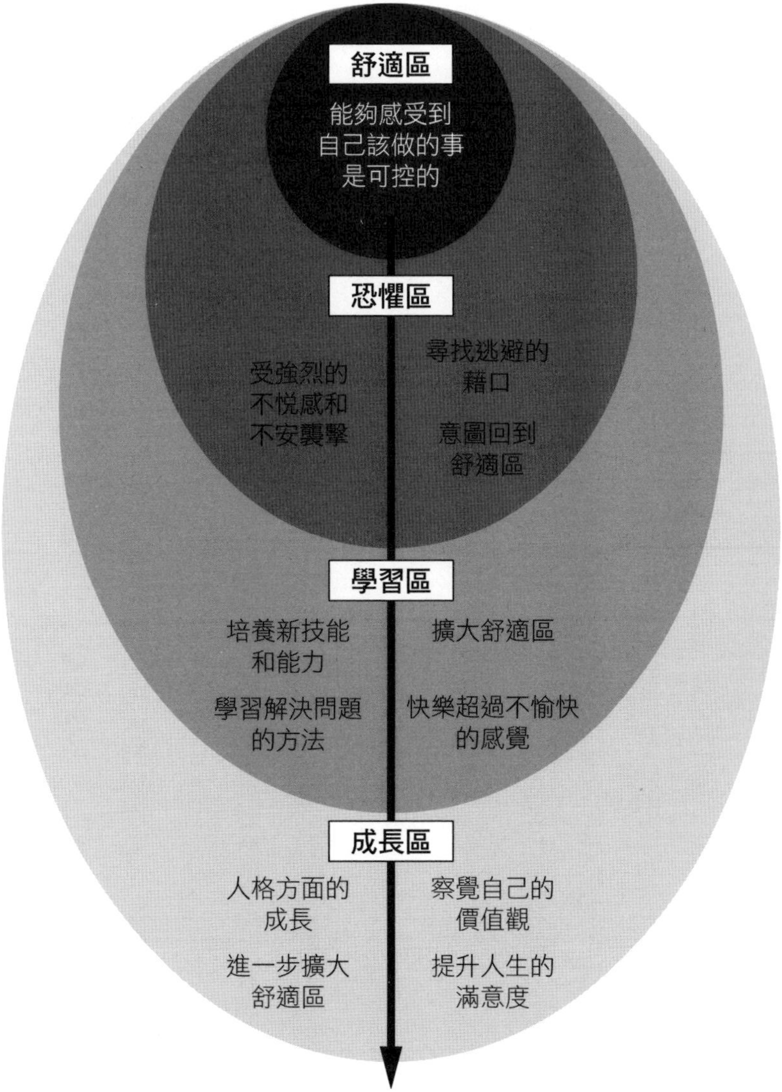
舒適區
能夠感受到
自己該做的事
是可控的
恐懼區
受強烈的
不悅感和
不安襲擊
尋找逃避的
藉口
意圖回到
舒適區
學習區
培養新技能
和能力
學習解決問題
的方法
擴大舒適區
快樂超過不愉快
的感覺
成長區
人格方面的
成長
進一步擴大
舒適區
察覺自己的
價值觀
提升人生的
滿意度

## ◉恐懼區

出了舒適區之後，我們移到了「恐懼區」。顧名思義，這是容易受強烈的不悅感和不安襲擊的區域，例如換工作、與不好打交道的人對話等等，剛開始新行動的人，多半會體驗到這個區域。

因此，我們會反射性地意圖避開這個階段，並找理由逃離恐懼區。我們會想一些藉口，例如「這不是我該做的事」、「做這種事也沒有意義」，試圖回到舒適區。如果一直停留在這一區，當然無法期待有所成長。

## ◉學習區

接著恐懼區之後，等待我們的是「學習區」。這是培養新技能和能力的區域，「快樂」開始超過「不悅」的感覺。一旦進入這個區域，無論採取怎樣的行動，都能以正面的態度全心應付，因此不會爲了一點失敗就意志消沉。

### ◉成長區

在學習區過了很久的人，將轉移至「成長區」。這個區域能夠使用我們在學習區所培養的技能，將時間花費在重要的行動上，因此除了能夠期望我們在人格方面有所成長，也能深化人生的意義。

## 必須意識到並擴展人生的領域

以上的說明很抽象，讓我以虛構的人物爲例說明吧。

公司員工A先生是個從以前就避免在人前演講的人。即使他被要求演講或簡報，也都會盡可能把任務推給同事，自己絕對不願意站在衆人面前。藉由這麼做，A先生可以不用苦惱於演講的恐懼，並能夠留在舒適區中。

然而，這種狀態下的某一天，A先生被上司要求，「在下次的會議上說明新的專案」。這個專案的全部內容只有A先生充分掌握，演講無法交託給其他人。

聽到這件事的A先生，立刻進入了恐懼區。對演講的不安和恐懼交替湧現，腦海中不斷浮現「能不能逃走？」「可不可以假裝生病？」等念頭。A先生的大腦希望「待在舒適區」，並處在試圖設法遠離新挑戰的狀態。

可是，雖說如此，如果一直避免在人前說話，他就無法培養在人前保持平常心、彙整資料，以及順利傳達訊息等等的技能，新的機會也很難降臨在這樣的人身上。

如此思考的A先生，下定決心向外走出恐懼區。雖然他仍感到不安和擔心，但他開始努力採取目前可行的對策，例如找擅長演講的同事商量，或是重新編排訊息變得更好理解。

於是，A先生的內心產生了變化。在進行自己特有的反覆試驗錯誤過程中，學習新知識和技能的工作開始轉爲快感，心情也逐漸變得正向積極。

此時，A先生所處的是「學習區」。雖然這絕對不代表他對演講的恐懼完全消失，但同時他也感受到自己能力提升的愉悅感，並處於希望積極採用未知資訊的狀態。

第一次感受到愉悅的A先生，在壓抑想回到舒適區衝動的同時，已多次反覆在眾人面前進行演講。當然，在這個過程中他也有過失敗，但他以同事的回饋意見爲基礎，不斷磨練自己講話和研究資訊的技巧。

他在學習區累積了經驗後，終於開始轉移走向「成長區」。終於有自信演講的A先生，又繼續提升他的演講技能，最重要的是，他開始體會到在眾人面前表達自己意見的意義。

毫無疑問地，A先生的人生藉由轉移到成長區而變得更廣闊。如果能對於「在眾人面前說話」，感受到深遠的意義，就能自己主動向周圍表達意見，而且拜此所賜，能夠了解A先生想法的人數也增加了，結果應該也會增加更多重大工作降臨的機會。

如果A先生選了舒適區的生活，應該就無法造成這樣的結果。永遠停留在被恐懼和不安束縛的生活中，一定會持續錯過工作或私人生活中能夠得到的機會。

舒適區的生活，雖然能帶來暫時的安心，但另一方面也可能成爲剝奪人生可能性的詛咒。如果你不想束縛自己的未來，那就必須有意識地擴展人生的領域。

# 實踐成長區訓練的五個步驟

理解成長區的重要性之後，讓我們來看實際的訓練法吧。成長區訓練由五個步驟組成，每個步驟都會考慮「你目前在哪個區域」。實踐時，每個步驟請花10至15分鐘試試看。

## ◉步驟1：確認現在的「舒適區」

請一邊閱讀以下的問題，一邊試著思考自己現在的人生。

◎現在的工作或私人生活中，是否發生了必須立刻走出舒適區，踏入恐懼區的事？

◎有沒有你真正想做或有興趣的事，卻因為恐懼或不安而無法開始著手進行？

如果有任何想到的答案，請全部寫下來。

例：持續沒有價值的工作，覺得要轉職或是向上司提出調動會比較好／不知爲何總會拒絕邀約去熟人較少的派對／想嘗試格鬥技，但因爲還是初學者，所以對於進入道場有所猶豫／想在網路上發表作品，但怕被批評不敢踏出第一步

## ◉步驟2：特別指定「恐懼區」

請一邊閱讀以下的問題，一邊試著思考你自己的「恐懼」。

◎假設你從舒適區踏進恐懼區，你會經歷怎樣的思考和情緒的變動呢？

◎當你感到恐懼時，會出現哪些特定信號呢？

如果發現自己獨有的「恐懼信號」，請盡量寫下來。

例：感到不安並一直想一樣的事／心跳加速，頭腦變得沈重／感到沒自信／浮現批判性想法，例如：「我做不到這種事」、「我的頭腦不夠聰明」、「現在錢不夠」等等。

## ◉步驟3：設想「學習區」

請一邊閱讀以下的問題，一邊試著思考自己現在人生中「逃避的事物」。

◎停留在步驟1的舒適區，你是否錯過了本來應該獲得的東西？

◎如果你無法忍耐步驟2的恐懼區，會錯過怎樣的學習機會？

如果有任何想到的答案，請全部寫下來。

例：拒絕參加熟人較少的派對，會錯失習得社交能力、交新朋友，或度過愉快時光的機會／持續做沒有價值的工作，可能失去過更快樂的人生，或習得廣泛技能的機會。

## ◉步驟4：在「成長區」中找出可能性

請一邊閱讀以下的問題，一邊試著思考你未來人生中「成長的可能性」。

◎如果你能在步驟3的學習區停留較長時間，可以期待有怎樣的成長？對於成長後的自己，你懷有怎樣的感覺？

◎若你持續停留在學習區，預估在人格方面會有怎樣的變化？透過這個學習，在個人層次上能夠獲得更根本的哪些東西？

◎你自己的成長，對你的朋友或家人的關係會產生怎樣的影響？

如果有任何想到的答案，請全部寫下來。

例：如果參加幾次不熟悉的派對，就可以習得和初次見面者閒聊的技能。這樣一來，或許能將新技能也應用到公司的工作中，並讓自己引以爲榮／如果嘗試格鬥技，應該會稍微變得更強壯，至少體力會比現在更好。這樣一來，似乎能增加對自己成長的自信。

## ◉步驟5：思考「活動」

最後，請根據你到目前爲止想到的答案，讓我們一起決定明天開始，你要著手進行的具體活動吧。請參看在之前的步驟中寫下的「舒適區」和「恐懼區」的清單，思考以下問題。

◎為了跳出「舒適區」，有什麼是你可以立刻做的事？為了減輕「恐懼區」的信號，有什麼是你可以立刻做的事？請試著至少想三個答案並寫下來。

◎想到三件立刻能做的事之後，請決定並寫下每個行動的執行期限。

例：參加3月4日公司主辦的派對／明天13點，向附近的道場報名入門體驗／之後立刻嘗試在轉職網站註冊

成長區訓練的做法如上所述，但如果在步驟1，無法立刻想出自己的「舒適區」，也請不要氣餒。對許多人來說，「舒適區」是長年生活習得的自然生活方式，因此無法有所自覺也不奇怪。這就和繼續不健康的生活，就會漸漸無法察覺生活習

慣病（lifestyle related diseases）一樣。

在步驟1的過程中如果很費工夫，可以試著從第1章提到的「好奇心行動清單」（第61～65頁）當中，選擇「有興趣但無法著手」的活動來試試看。此外，「不知爲何總是難以振作的任務」、「不知爲何總是拖延的任務」等等，也可以當作成長區訓練的題材。

無論如何，明明有興趣卻無法實踐，就是對該行動懷有某種不悅感的證據。使用這種不悅感進行自我分析，就是這個訓練的重點。

## 持續技能訓練2：忍耐的微劑量

爲了提高持續力，希望你能再試另一種方法：「忍耐的微劑量」。

微劑量是藥物臨床測試中使用的術語，指的是使用極少量的成分，來確定效果的手法。與此相同，忍耐的微劑量也是讓你持續敢於挑戰少量的必要忍耐任務，並透過累積此任務，以提升持續力爲目標。

這個訓練對於提高持續力很有名，在麥覺理大學等機構的測試中，對運動不足的男女給予30分鐘的運動菜單，並指示他們「每週去健身房一次，持續兩個月」[3]。與此同時，也記錄他們壓力的變化、酒精攝取量，以及去健身房的次數等等。

其結果實在頗有意思。按照指示前往健身房的參加者，多半不僅養成了運動的習慣，飲酒和吸菸的量也減少了，甚至連存款金額、蔬菜的食量，以及學習時間等數值都增加了。也就是說，光靠每週運動一次，就讓人生的所有面向都有所改善。

這種現象發生的原因，是因爲這些參加者微劑量的忍耐。

雖說他們每週只進行一次30分鐘的運動，但沒有運動習慣的參加者，要持續去健身房運動則需要相當的耐心。在多次體驗這種小忍耐的過程中，參加者會在心中培養出「我是有能力的人」、「我是不會被討厭的事打敗的人」等等的自覺，而**這種心態可以產生改變人生的動機**。

當然，忍耐的微劑量就算在非定期運動的情況下也能實踐。進行訓練時，請參考以下條件，並選擇適合你的活動。

❶執行時選擇只需一點忍耐的任務
❷選擇你相信「只要忍耐這件事，就會有好處」的任務

首先重要的是設定難易度。選擇具體任務時，請選擇你認爲「稍微努力應該就能辦到」的任務。

判斷的基準很主觀也無妨，但大概標準是，若你覺得「無論怎麼努力都不可能」的任務是10分；而「什麼痛苦都沒有就能辦到」的任務則是1分時，建議要選擇需要3～4分努力就可能實行的活動。

此外，另一項重要的是，你是否覺得這個任務對你有長期的好處。「少喝酒有益身體健康」、「忍耐不玩遊戲可以有更多學習時間」、「整理房間可以讓心情變好」等等，請試著尋找對於忍耐有明確回報的活動吧。

如果想不到適當的行動，也可以使用「忍耐的微劑量清單」（第169～173頁）。這是由46種行動組成的清單，是爲了在你的日常生活中導入輕微的耐心，並培養持

續進行事情的技能，這是人格心理學領域所開發的訓練。

根據南方衛理會大學等機構的研究，接受過這項訓練的受試者，會提高堅持自己決定事情的能力，即使面對困難的任務，也變得能夠不放棄而專心投入[4]。「自己沒耐心……」、「我容易厭煩……」有這類想法的人，所得到的效果也越大。

清單的使用方法與「好奇心行動清單」（第65～69頁）相同，首先請在確認所有項目後，選擇你認爲「只要稍微忍耐應該能做到」的項目，並以每週進行一至四個項目的步調，投入其中。實踐的期間請以四週爲大概標準。

## 忍耐的微劑量清單

1. 在工作或學習時，把智慧型手機放進口袋，並絕對不在過程中看手機
2. 提前10分鐘開始準備工作或活動
3. 整理智慧型手機的主畫面上散亂的圖示
4. 思考高效工作的好處，並將想到的寫在紙上
5. 寫出周圍有可能期待自己去做的行動清單（例如：參加活動、對課題或工作有貢獻、提供物資）
6. 上課、工作的約定，以及其他活動，一定提前五分鐘到達
7. 在前一天晚上準備好翌日的更換衣物
8. 在發送郵件或文字前，仔細校正錯漏字
9. 記錄日用品這種不重要但必須買的東西
10. 發現有必須做的事情時，就記錄在智慧型手機或行事曆上（例如：課題、家事、帳單、約定）

## 忍耐的微劑量清單

**11.** 花30分鐘試著寫下長期和短期目標的清單

**12.** 找出特定拖延的事，試著花五分鐘寫出拖延這項任務的理由（例如「不知道該如何開始」之類的）

**13.** 飯後立刻洗碗收拾

**14.** 收到帳單就立刻付款

**15.** 將學校或職場的任務，在截止日期的一週前完成

**16.** 選擇學校或職場的一項任務，並在至少兩天前完成

**17.** 早上起床後，列出當天想達成的事項

**18.** 在參加活動的前一天晚上，設想需要的物品並先放進包包

**19.** 花五分鐘以上時間，將妨礙工作或學習的事情寫下來，並仔細推敲解決的策略

**20.** 睡前制定第二天的待辦事項清單

**21.** 每天確保花一小時學習，並使用這段時間用功

## 忍耐的微劑量清單

22. 整理自己房間的小垃圾
23. 整理乾淨工作桌面
24. 執行拖延的家事（例如：洗衣、打掃、編寫文件等等）
25. 至少在兩天前約朋友吃午餐或晚餐，然後實行
26. 選出一項上課或工作中必須做的任務，在提交前仔細再次檢查自己的解答
27. 指定希望達成的具體目標，並寫下達成該任務所需的所有行動
28. 不僅將重要活動寫進行事曆，也把讀書、看電影等嗜好活動的計畫也寫進行事曆
29. 讓自己有時間認真專注於重要的工作。關閉智慧型手機的通知、不要上網，並至少花30分鐘，只專注於眼前的活動（例如打掃或學習等等，只要是自己覺得重要的活動就好）
30. 當朋友向你求助時，制定具體的計畫並按照計畫執行

## 忍耐的微劑量清單

**31.** 將上課或工作中學到的重要用語或概念，記錄在智慧型手機上

**32.** 和教師討論學習方法。或者，和上司討論如何順利進行工作的方法。若得到某種答案，至少花30分鐘實踐該方法

**33.** 思考最近做的工作，坦率評論自己的工作表現，找出可以改善的地方並寫下來

**34.** 發現必須做的事情時，就把執行這些事的時間寫進行事曆，並按照計畫進行活動（例如課題或雜務、開立付款通知單等等）

**35.** 將當天應該做的事全部寫在行事曆上，並按照計畫完成所有任務

**36.** 將希望達成的短期或長期目標明確化，找出朝此目標前進的具體一小步並實行

**37.** 將約定的事記在智慧型手機或行事曆的備忘錄中，並按計畫遵守

**38.** 覺得快放棄任務時，先休息幾分鐘，讓頭腦清醒後，再做到完成爲止

## 忍耐的微劑量清單

**39.** 列出自己必須做的任務，並確保每項任務各有相應的時間去做（例如：必須做的任務、溝通的時間等等）

**40.** 選擇特定的課題，全力以赴投入其中

**41.** 決定每天的睡眠時間，按時入睡和起床

**42.** 將寫在行事曆上的所有活動，都提前五分鐘著手進行。或在五分鐘前抵達現場

**43.** 制定一天的計畫，將所有課程、約定、社會活動寫進行事曆。每小時確認寫上的計畫，若出現延遲就重新安排計畫表

**44.** 選出一項必須要做的雜務或課題，並以比平常更高的品質來執行

**45.** 在最近所做的事情中，挑選出一項你希望能做得更好的具體工作或課題。重做這項任務，直到滿意爲止

**46.** 自己主動承擔某個責任（例如：舉辦活動、成爲團體專案的領導者等等）

以上是清單的內容，如果你慢慢習慣了這些行動，請逐漸提高忍耐的程度。大致目標是，當你覺得「無論怎麼努力都不可能」的任務是10分時，可以將目標設定在5～7分左右的等級。相反的，如果最初選擇的行動比想像中困難，請暫時重新選擇難度較低的行動執行。

# 將資源投注於和自己協調的目標

本章到此已經看過如何培養持續力的方法，但中途可能有人會抱持以下疑問。

「我知道持續很重要，但應該投注心力在哪個偶然呢？」

就像你看過很多次的，所謂用來增加運氣總量的行動，無非就是不斷挑戰新的日常生活體驗，並提高與良好偶然相遇的機率。可是，事實也告訴我們，在這個過程中，如果要投入同量的資源給所有來臨的偶然事件，無論有多少時間都不夠。

例如，假設你爲了學會新技能，要同時開始學習英語、統計和歷史，但所有知識都花同樣的勞力學習，最後可能每一項知識都是一知半解而已。如果不在某個時間點上，做出「以統計爲主」之類的決定，最終一切可能只是觸及表面而已。這點在人際關係上也一樣，即使好不容易認識了很多人，如果沒有深化與特定對象的關係，應該也很難獲得巨大的成果。

雖說如此，毫無任何基準就要直接聚焦在一種活動上，也並非易事。如果進行了第1～2章的訓練，任何人都可以提高良好偶然降臨的機率，但在這當中，到底是否有用來選擇的標準，能夠讓你特別發揮持續力呢？

這確實是個難題，但實際上存在某程度上的大概標準。當然在運氣的世界裡沒有絕對的正確答案，但如果使用特定的指導方針，來選擇你應該參加的活動也並非不可能。

所謂的指導方針，用一句話來說就是以下所述。

**「追求適合自己的目標」**

所謂「適合自己的目標」，指的是適合我們價值觀、才能和興趣的活動。以這種思維方式來說，我們擁有的動機種類，可以分爲四種模式[5]。

### ◉外在動機

爲了獲得報酬，或是避免懲罰之類，只基於來自外部的期望或要求，而展現的動機。「因爲上司交代所以要做」、「因爲大家都在做所以要做」、「因爲可以得到優良商品所以要做」、「因爲是社會規則所以要遵守」，像上述這些動機的來源完全是外在的，幾乎沒有自己的意志存在。

### ◉義務動機

爲了覺得自己是比他人優秀的人，或者不想比他人差，而展現的動機。「想比朋友得到更好的成績所以用功學習」、「想讓人覺得聰明所以工作」、「不想被人小看所以努力」這些動機都是典型的例子。這些動機的來源在外部，和外在動機一樣，但它並非只是對報酬或懲罰的反應，而是爲了保護自身評價，特徵是它會產生「我必須努力」、「我必須做」之類的義務感。

## ◉整合動機

這類動機是打從心裡相信該活動的價值而產生。「學習這個對人有幫助，所以有價值」、「新的興趣能給自己的人生帶來意義，所以很重要」如果認眞這麼覺得，這種活動就被認爲是整合動機。

## ◉內發動機

此模式的動機並非透過獲得報酬或達成目標所得到，而是從活動本身獲得動機。例如你有「只是露營就很開心」、「跑步本身很開心」之類的感覺，那就是內發動機。

在這些動機當中，整合動機和內發動機較容易提高持續力。由於這兩者是調和了自己的價值觀和活動內容，因此比起被外部強制進行的活動，更能顯著提高動機。

＊　＊　＊　＊

許多研究已經顯示適合自己的目標的重要性，也已經報告它的多項好處。這裡介紹其中的一部分。

◉ **提高目標的達成率**

根據針對約600名高中生的調查顯示，擁有適合自己目標的人，比起沒有適合自己目標的人，他們的動機更高，成績也有較佳20%～40%的傾向[6]。

◉ **提高人生的滿意度**

巴斯大學等機構對210名運動員進行調查後發現，擁有適合自己目標的參加者練習量較多，拜此所賜，人生的滿意度也較高約20%[7]。

◉ **延長壽命**

根據哈佛大學的艾倫・蘭格（Ellen J. Langer）等人在老人院進行的實驗顯示，接受指導擁有自發性目標，例如「給盆栽澆水」、「在室內裝飾繪畫」的高齡者，比起只受到工作人員被動照顧的高齡者，增加更多社交性，報告指出在18個月的追蹤調查中，他們的死亡率低了一半[8]。

之所以會得到這樣的結果，要歸功於他們有適合自己的目標。這種目標並非被外部強逼的活動，而是符合自己價值觀和需求的活動，這種活動較容易達成是理所當然的。如果你很猶豫不知道該繼續哪個活動，請嘗試以「是否適合自己？」當作基準來思考。

# 分析適合自己目標的三個步驟

## 持續技能訓練3：分析適合自己的目標

理解適合自己目標的思考方式後，讓我們試著來實際分析你的現狀吧。請用以下三個步驟，從幾個活動中，判斷你真正應該投入資源的對象。

### ◉步驟1：列出活動

首先，請列出你目前正在專心做的活動，至少寫出「八項」。例如「英語的線上課程」、「新的格鬥技練習」、「每天丟掉一件物品」、「訂立轉職的計畫」等等。

不論活動大小如何，請把目前正在進行中（或希望進行）的事情全都列出來。如果是你未來想嘗試的活動也沒關係，或是選擇已熟悉的活動也沒問題。

## ◉步驟2：分析投入資源的理由

請看著步驟1列出的清單，並思考自己的動機種類。請思考所有的活動是接下來提到的四種動機的哪一種，然後每項活動各以滿分10分的標準進行評分。如果這個動機完全不符合，就給1分；如果這個動機完全符合，就給10分。在無法判斷動機的種類時，請嘗試考慮以下問題的答案。

**外在動機的問題——**

這個活動是不是別人希望我做的？

我想做這個活動，是因爲受到某種外部狀況的影響嗎？我做這個活動的目的，是想得到某些報酬、讚賞，或是認同嗎？

因爲我想避免任何負面的情勢，所以才想做這個活動嗎？

**義務動機的問題**——

我不做這個活動會感到羞恥嗎？

我不參加這項活動會感到不安，或懷有罪惡感嗎？

我是否覺得自己有義務去做這個活動？

**整合動機的問題**——

我相信這個活動眞的很重要嗎？

無論這個活動是誰推薦我去做的，現在的自己是否眞心支持它？

我眞心覺得這個活動是正確的嗎？

**內發動機的問題**——

從這個活動中得到的經驗，我感興趣嗎？

我是否覺得這個活動帶來的樂趣和刺激很有魅力呢？

即使有其他理由進行這項活動，對體驗本身的興趣是否爲我的第一動機？

## ◉步驟3：計算適合自己的分數

在步驟2中所得的分數，請用以下公式計算，並算出「適合自己的分數」。

「適合自己的分數＝（整合＋內發）－（外在＋義務）」

例如，假設你在步驟2的評分如下所示。

「外在＝1分、義務＝3分、整合＝9分、內發＝9分」

此時的計算是「（9＋9）－（1＋3）」，適合自己的分數就是14分。

計算完成後，請回答以下問題，並判斷你選擇的活動與適合自己的目標有多接近。

◎適合自己的分數最高的活動是什麼？

◎有沒有什麼可以做的，能夠進一步提升高分活動適合自己的程度？

適合自己分數越高的活動，就是你應該投注資源的第一候選活動。這個訓練當然可以在你猶豫該專注於哪個活動時使用，也可以每三到六個月進行一次分析，以此步調檢查自己參與的活動。

＊　＊　＊　＊　＊

**〔簡易版〕**分析適合自己的目標

「分析適合自己的目標」是一種優秀的技法，但缺點是稍嫌費事。當你想更輕鬆地選擇最適合的活動時，也可以嘗試使用分析適合自己目標的「簡易版」。

簡易版的設計只須回答五個問題，就可以進行某程度的高準確度選擇。請一邊想著你猶豫是否該投注資源的活動，一邊試著思考以下問題。

❶這個活動是為了滿足其他人的希望而進行的嗎？或者，可能是因為達成之後可以得到什麼而做的嗎？

❷如果無法達成這項活動，我會感到羞恥嗎？

❸這個活動對我來說，我眞的相信是重要的目標嗎？

❹這個活動會帶給我快樂和喜悅嗎？

❺這個活動是用來表現「我是怎樣的人？」並且反映我所認爲的人生價值嗎？

所有問題都回答完成後，再進行下述的判斷。

◎如果問題1和2的答案都是「YES」，最好減少這項活動。

◎如果問題3～5的答案是「YES」，則最好投注資源到這項活動。

雖然這是粗略的測試，但用來當作判斷的準則十分有效。在短期的判斷時，可以使用簡易版；但長期的話，則建議使用適合自己目標的完整版來提高準確度。

# 現在是人生的實驗期還是集中期？

簡單複習一下本章內容，最重要的是「實驗和集中的來回」。要最大發揮你所抓住的運氣潛力，**最佳方法是廣泛探索世界後，持續將資源集中在一點上的作業**。如果不繼續這樣的來回作業，好運連連的發生率就不會上升。

雖然好運連連持續的時間無法預期，但一般認為，能夠在事前進行越廣泛的實驗，就越容易維持之後的連續獲勝。爲了在人生中引發機率變動，也請你有所意識，現在的你是處在人生的實驗期還是集中期。

# 第4章

# 持續重複

## ——幸運＝（行動×多樣＋察覺）×恢復

人生沒有重新開始的按鈕，但有繼續的選項

——引自《動物森友會 城市大家庭》

## 幸運的量增加，不幸的量也會增加

RPG出現逆境是常有的事。例如被強大的Boss打敗，或是寶箱出現怪物，或者在地牢的陷阱中全滅等等，遇到意想不到的強敵或陷阱，並同時要持續重複很多次是很普通的現象。

這點在現實世界中也一樣，當我們想要抓住好運時，過程中肯定會碰到逆境。就像先前看過很多次的，**要提高幸運的發生率，只能增加行動量，但如果增加行動量，不幸的量也會自然增加**。

邂逅新朋友總是隱藏著不和的可能性；新的學習也說不定是三分鐘熱度就結束了；創業也常出現事業經營不順的情況。如果增加新的挑戰，理所當然同時也會增加失敗的機率。等待良好偶然的過程，同時也可能成爲引誘非預期不幸的誘因。

幸運和不幸就像硬幣的正反面，若你在每次隊伍全滅時都灰心喪志，那絕對無法迎接結局。如果你希望抓住更多的幸運，就只能在事前的考量先納入更多的不幸。

爲了應付這個問題，本章將聚焦於好運方程式中的「**恢復**」要素。從沉痛的挫折中順利復原，正確分析不幸發生的原因，並利用這些見解立刻著手下一次的挑戰。這一章的目的，就是傳授如何培養這種技能的訓練。

應該沒有人會懷疑恢復力對人生的重要性，但爲了愼重起見，讓我們來看一些定量資料吧。

大家有沒有想過「長期繁榮的企業有什麼不同？」的問題，這是自古以來在公司研究的領域中，備受討論的主題之一。

根據中小企業白皮書的資料顯示，日本的製造業，一年有20％的企業倒閉，五年後有50％的企業被迫停業，只有36％的企業能夠活到10年後[1]。此外，只限於新創公司來說，同樣的數字在五年後是15％，而10年後則甚至下降到6.3％。看來大部分的企業，在十幾年內消失似乎是很普遍的現象。

可是，另一方面，也有的企業已創業超過一百年，仍舊維持勢力。

例如美國的嬌生公司已創業125年以上，還在持續擴展全球業務；日本的養命酒則擁有超過400年的歷史；而德國的SHW則提供車輛零件已超過655年。這些都是維持幾百年繁榮的企業，不僅如此，在這當中甚至可以看到有些案例近年呈現更蓬勃發展的趨勢。

為什麼這些企業能夠如此的長壽？純粹是好運而已嗎，還是優良企業有什麼獨特的祕密呢？

關於這個疑問存在許多假設，但其中最著名的應該算是《基業長青》、《從A到A+》和《追求卓越》這三本書。

這些書籍在80年代到90年代間引起巨大風潮，由麥肯錫之類的知名顧問公司，對當時的優良企業進行了多年研究，導出了持續勝利的企業法則。這三本書在出版後立刻成為世界級的暢銷書，也被稱為「20世紀最具影響力的商業書」。

實際上，這些書所主張的優良企業的祕密，就是「挑戰大膽的目標」、「決不滿足」、「貼近客戶」等等，都是讓人不由得認同的見解。世界上有不計其數的經營者受到本書的影響，現在也有不少案例將其視為優良企業的神奇公式。

但是，你知道其實在二〇〇〇年代，對這三本書的批評逐漸增加了嗎？這也是因爲，書中提及的50家公司，大部分後來的業績都暴跌了。

這些企業在書籍剛出版後還持續繁榮，但之後50家公司中有16家在五年內倒閉，另有23家公司的市場價值大幅下降。只有五家公司能夠維持與書籍出版時相同的水準。以結果來看，似乎再怎麼研究優良的企業，仍不可能算出其未來。

# 初期的大失敗，帶來長期的成功

雖說如此，揭開優良企業祕密的嘗試，仍舊還未結束。近幾年有許多機構進行了定量調查，並進行不僅止於印象論的分析，其代表的例子是西北大學的研究[2]。

研究團隊首先回溯並收集了過去30年來，美國政府發給科學家的約77萬筆補助金資料。再加上處理了長達46年的新創企業的投資數據，並基於IPO和M&A等指標，也建立了數學模型，用以預測創業成功的可能性。

之後，在研究團隊分析了所有數據後，發現了只在成功的科學家和企業身上才能看到的三個統計特徵。

第一個是，在事業初期經歷失敗的人，會在後來取得更大的成功。

例如，在職涯的初期無法獲得補助金的科學家，比起馬上就獲得補助金的人，他之後的工作表現有更高評價的傾向。這點在新創企業也一樣，據說不輸給最初的失敗而能持續經營事業的公司，長期業績會更好。

此外，第二個特徵也承認了一個事實是，成功的科學家和企業，從第一次失敗到第二次失敗之間的時間間隔很短。也就是說，第二次的失敗越早發生，第三次嘗試成功的可能性就越高；相反的，第一次失敗至第二次之間的時間距離越久，第三次也以失敗告終的機率就越高。順帶一提，到最初成功前所發生的失敗平均次數，科學家爲2.03次，而新創企業則爲1.5次。

出現以上的結果並不奇怪。可以從挫折中迅速恢復的人，能夠立刻採取下次行動，因此到下次失敗的時間間隔就會自然變短；另一方面，較不擅長面對失敗的人，也會需要更長時間來恢復，應該也會延長直到下次重新嘗試的時間。**從失敗中恢復的能力，可以說是長期成功的重大前提**。

不過，即使如此，只是擅長面對失敗，並不能提高成功率。研究團隊指出成功者身上的第三個特徵「具有從失敗中學習的能力」的重要性。持續長期成功的科學家和企業，都會在經歷沉痛的失敗後，立刻著手分析原因。

如果不先弄清楚失敗的原因，之後再怎麼重新挑戰，無疑也只是降低成功率。這也是非常合乎情理的結論。

總之，參照定量數據來看，我們要成功所需的能力有兩個。

❶從挫折中恢復的能力

❷以失敗爲糧食的能力

看看過去的事例，透過這兩項技能贏得名聲的知名人士並不少見。

例如，J・K・羅琳的《哈利波特：神秘的魔法石》因爲被出版社拒絕了12次而聞名；而李察・巴哈的《天地一沙鷗》則被宣告駁回了18次；瑪格麗特・米契爾的《飄》在出版前，也飽嘗了38次不被採用的痛苦。

還有，以作品《追憶似水年華》而聞名的馬賽爾・普魯斯特，第一部作品曾被多次拒絕，最後是自己籌措出版費用；至於以《人間喜劇》而聞名的劇作家威廉・薩羅揚（William Saroyan），直到他賣出第一部短篇小說之前，已經收到多達七千封不採用的通知。雖然這幾位都是後世留名的作家，但都在職涯的初期備嘗巨大挫折的滋味。

可是，這些作家都有個共同點，那就是他們從挫折中復原得很快。羅琳、巴哈，還有米契爾，都在被告知不採用後，就立刻著手開始改稿，改變故事的結構，或是改善登場人物的性格，馬上開始新的行動。若沒有這種恢復力，任何作家都不可能贏得長期的名聲吧。

## 失敗只是一個「資料點」

鍛鍊恢復力的方法有很多種，而本章爲各位嚴格挑選了三種訓練。

❶科學家思維模式

❷侵襲接受

❸自我認識問題

在這當中，首先希望各位努力的是「科學家思維模式」。顧名思義，這個指的是「像科學家一樣的思考方式」，擁有這種思維模式的人，會用以下的觀點看待世界上的麻煩。

◎為了解決問題，只能反覆假設與驗證
◎所謂的實驗失敗，只是新獲得的數據之一

稍後我將詳述這幾點內容，是否意識到這種觀點將造成巨大的差異。光是對自己說：「如果失敗了，就像科學家一樣思考」，你從人生挫折中恢復的速度就會明顯變快。

讓我來說明原因吧。

在科學實驗中，各種模式的失敗都會發生好幾次。例如在愛迪生成功發明燈泡以前，他浪費了超過二千個燈絲；榮獲諾貝爾化學獎的白川英樹的團隊，也弄錯所需催化劑的量一千倍，像這些例子都告訴我們，科學與失敗是密不可分的。所謂的科學，本身的運作就是建立在假設和驗證的前提上，這是我們無能爲力改變的。

因此，擁有科學家思維模式的人，會將失敗僅僅視爲「資料點」。無論是實驗的過程出現錯誤，或者結果與假設不符，這些都只是接近最終答案所需的必要資料。

這種看待失敗的方式，與一般失敗給人的印象大不相同。在現代社會，有強烈的傾向將失敗視爲「自己的缺陷」，因此我們大多容易將挫折當成是無能的證據。在減肥失敗後，會認爲「自己是無法自我管理的人」，或在工作交涉失誤時，責怪自己「完全技能不足」，也有很多人會因爲失敗，感覺自己就像有缺陷的產品。將失敗視爲無能的證據，情緒低落是很理所當然的。

另一方面，對科學家而言，失敗並非代表能力低下的根據。因爲實驗的失敗只是顯示假設錯誤的一種訊息，無論犯了怎樣的失誤，它都只不過是更接近眞相一步的證據。

## 即使只學習假設和驗證，也會使人更能應對不幸

科學家的思維模式之所以了不起，是因爲即使只學習假設和驗證的思考方式，也能提高恢復力。

讓我們來看看二〇一九年針對義大利創業家的調查[3]。研究團隊從該國的116家新創企業，召集領導者，並讓他們參加了爲期四個月的創業家計畫。

這個計畫只有一半的創業家參加了科學家思維模式的講座。講座傳達了從客戶訪談建立銷售假設的方法，並告訴他們要將產品或服務的推出視爲科學實驗，同時別忘了驗證自己所建立的假設。

然後在四個月後，比較所有創業家的收益，結果令人驚訝。學過科學家思維模式的創業家，他們賺到的金額比其他組，高出中位數的2.6倍。如果光是意識到假設和驗證的重要性，就會使成果倍增，那還有什麼理由不付諸實踐呢？

科學家的思維模式之所以能改變成果到這個地步，是因爲他們從失敗中恢復的速度加快了。根據研究指出，用心假設和驗證的那組，即使創造產品最終告吹了，此時他們也傾向僅判斷爲「獲得了新資料」，而拜此所賜他們不會因失敗而灰心，比其他組別更能夠順利調整路線。透過從假設和驗證的觀點重新看待自己的失敗，形成了能夠順利朝著正確方向前進的力量。

根據以上的資料，當你使用科學家的思維模式，面對某種失敗時，你可以試著對自己說以下的話：

❶失敗在人類行爲中是極爲自然的，並不代表我的能力低下

❷失敗中包含對改善未來非常有用又重要的情報

光是這樣的工作就能確實提高你的恢復力，可以將失敗當作成功的糧食使用。以恢復力的訓練來說，這可以說是最簡單又高效的技法。

如果能意識到科學家的思維模式，剩下的就是不斷反覆針對失敗，提出假設並做驗證。從這裡開始的作業，將使用106至107頁提及的「Q矩陣」。

例如，你想養成跑步的習慣，但最後卻三分鐘熱度。這種時候，在責怪自己之前，請先啟動一下科學家的思維模式，試著思考「能不能用Q矩陣提出問題呢？」具體來說，如以下所示：

◎如果把跑步時間改成晚上，會怎麼樣？

◎這次的三分鐘熱度和過去的失敗有什麼相似的地方？

◎到底為什麼跑步對自己很重要呢？

◎去做跑步以外的運動會怎麼樣？

當然，這麼做未必能想出好主意，但相較於持續陷入失敗的沮喪中，這麼做確實能提高成功率。

順帶一提，請注意科學家的思維模式，和「享受失敗」或「積極迎接失敗」等建議是不同的。即使是一流的科學家，討厭失敗也很正常，如果重要的實驗失敗，也會感到沮喪，他們絕對不會爲自己的失誤感到非常高興。

最重要的是，別忘了「世界是宏偉實驗室」的觀點。即使不斷進行好幾次新挑戰，只要能維持「我在世界上不斷提出假設並驗證其正確性」的態度，你就能從無限的失敗解脫，獲得自由。

# 打從心底接受「人生不會總是一帆風順」

讓我們往下進行吧。

如果使用「科學家思維模式」仍無法治癒失敗的痛苦，此時請嘗試專注於「侵襲接受」。

這裡所說的「侵襲」，是指在經歷某種失敗後，你腦中自動浮現的思維。

說了那種話會不會被朋友討厭呢……。

如果犯了這麼嚴重的失誤，會被同事看不起……。

我總是在做蠢事……。

像這種負面想法不受控地浮現並停不下來的狀態，就稱爲「侵襲」。雖然反省失敗並不是壞事，但如果對自己太嚴苛，我們很容易可以想像到，這會導致心理健康惡化。

事實上，自古以來就不斷有報告指出，侵襲次數越多的人，越容易沉溺於酗酒或吸毒，儲蓄的金額也較少，而且無法控制情緒[4]。**過度的反省絕對會導致自我毀滅的行為**，如果沒有採取任何對策，肯定會因此而Game Over。

＊　＊　＊　＊　＊

爲了深入了解侵襲的特徵，讓我們試著做個簡單的性格測驗吧。以下列出的10條敘述，是根據人格心理學的實驗資料彙整而成，這些是容易苦惱於侵襲的人，特有的思考方式[5]。

請先粗略閱讀，然後對每條敘述，根據自己的符合程度以滿分4分予以評分。如果「不同意」是1分；「不太同意」是2分；「有點同意」是3分；「強烈同意」是4分。

❶想到自己過去的失誤或失敗時，就無法專心在其他事情
❷回想過去做過的蠢事，會造成想要更努力的心情
❸爲了未來不失敗，需要反覆思考自己的錯誤
❹認爲對過去的失敗耿耿於懷，代表性格的軟弱
❺認爲反覆研究過去應該如何行動，代表自己很執著結果
❻如果停止批評自己，我反而會感到沮喪
❼如果不花充分的時間思考過去的失誤和失敗，我認爲會變得傲慢
❽有批評自己的想法，意味著自己是軟弱的人
❾很難和「自己能力不夠」的想法保持距離
❿將有關自己價值的想法，傾向於當作事實

評分完成後，請按照以下要點，將分數相加。

◉ **自我批評的侵襲**

請相加問題1、4、6、8、9、10的分數。這個分數高的人，思考過去錯誤的次數較多，因此具有因失敗而軟弱的傾向。大多數人的總分容易落在14分左右，如果得分超過這個數字就必須注意。

◉ **自我欺瞞的侵襲**

請相加問題2、3、5、7的分數。這個分數高的人，其實很討厭自我批評，但還是深信「這是件好事」，結果是一直無法逃脫侵襲的類型。大多數人的總分容易落在8分左右，如果得分超過這個數字，請多加留意。

＊　＊　＊　＊

從這個測驗可以看出，侵襲較多的人對過去的失敗耿耿於懷，並傾向於認爲自我批評是自我成長必要的過程。因此，他們只要有空就會不斷思考自己的錯誤，最後逐漸失去從挫折中恢復的能力。

這確實是個困難的問題，而許多研究者對此推薦的方法是「侵襲接受」。Acceptance 這個英文單字的意思是「接受」。簡單來說，它是指接受兩個事實，一是「人生伴隨失敗」，另一個則是「自己是會犯錯的人」的事實，並把目標放在改善侵襲的訓練。

「接受」對於自我批評很有效，例如，根據西北大學的調查，進行接受侵襲訓練的參加者都會積極正面地看待失敗，並提升用以改善狀況的動機，甚至減少了因壓力引起的衝動購買和過度飲食的頻率。近年來，接受的方法也用於治療藥物和酒精依賴，這類案例也很多，並且都取得了巨大成果[6]。

當然，接受過去的錯誤並非易事，但值得慶幸的是，有一些高效的訓練方法可以使用。

讓我們來看看三種具代表性的方法吧。

## 侵襲對策訓練1：名言鍛鍊

「名言鍛鍊」是在侵襲對策中最簡便的訓練。實踐的方法非常簡單，只需從偉人留下的言論中，接觸那些展現接受重要性的名言。

或許會有人覺得這樣做就夠了嗎，但名言的效果確實不容輕視。根據先前看過的西北大學的實驗顯示，參加者讀過與接受有關的名言後，大部分人可以培養接受失敗的精神，並逐漸提高壓力的耐受性。偉人的名言集之所以在世界上廣爲流傳，果然是有它的道理吧。

這裡介紹一些展現接受精神的具體名言。

馬克・吐溫：「孤獨中最糟糕的是無法滿足自己。」

卡繆：「人是唯一會拒絕現在自己的生物。」

羅伯特・霍爾登：「無論再怎麼努力自我改善，都無法填滿自我接受的缺口。」

布芮尼・布朗：「接受自己是最勇敢的行爲。」

安娜・昆德蘭：「最痛苦也最好的行動，是放棄完美。」

老子：「相信自己而不說服他人，滿足自己而不尋求他人的認可，只要接受自己，世界也會接受你。」

納旦尼爾・布蘭登：「接受就是拒絕與自己的惡性關係。」

威廉・波格爾：「就算沒人相信你，你也可以成功，但如果你不相信自己，就無法成功。」

榮格：「在接受以前，你無法改變任何事。批評不會帶來解放，而是成爲壓迫。」

愛蓮娜・羅斯福：「和自己的友情才是最重要的。沒有它，就無法與其他任何人建立友誼。」

溫帝・德萊登：「若你接受自己是容易犯錯的人，即使身處可能有人討厭你的狀況，也不會感到不安。」

以上是知名的例子，還有其他許多展現接受重要性的名言。在日本的古典作品、現代小說、漫畫、歌詞等作品中，以及日常生活中，應該還能看到許多類似的語句。

如果你以後發現接受類的名言，就寫在筆記本上吧。而且，製作專屬自己的名言集，也是很好的訓練。

## 侵襲對策訓練2：證據法

這也是簡便的侵襲對策之一，這種訓練是嘗試尋找有關你腦中湧現的批判性思維的具體證據。雖然這麼說，也並不困難，當你受到侵襲時，請試著自問兩個問題。

❶這個糟糕的狀況（沉痛的失敗、來自他人的批判、負面情緒等等）會完全否定自己的優點嗎？

❷這個糟糕的狀況可以當作證明自我批判內容的證據或根據嗎？

例如，假設你在工作中弄丟了重要的資料惹客戶生氣，覺得自己「我總是犯相同的失誤」。在這種情況下使用證據法，如下所示。

「被客戶批評是理所當然的，但這並不代表自己好的那一面就一無可取。事實上，我過去也曾得到同一位客戶稱讚自己做得好。」

「而且，這次的失敗不算是我『總是犯相同失誤』的證據。雖然以前對資料的處理不能算是萬無一失，但並沒有多次發生遺失資料的事實。」

以一般情況來思考，只失敗一次，並不能藉此判斷自己的能力。即使同樣的失誤持續發生，也不會抵銷你的長處或過去的業績。大部分的自我批評只是將特定問題誇張地放大，實際上幾乎都缺乏正當的根據。

證據法的提問，具有讓我們注意到這種事實的功能。透過持續多次這種訓練，你的大腦將漸漸開始懷疑侵襲的內容，最後就能擺脫自我批評的陷阱。

## 侵襲對策訓練3：加減法

第三項「加減法」也是透過簡單的步驟，來揭露侵襲是毫無根據的訓練。讓我們先從實踐的步驟來看吧。

❶寫下在「學校」或「工作」中，自己做得很好的三件事（例如：前幾天寫的企劃書得到稱讚）

❷寫下在「學校」或「工作」中，自己做得不好的三件事（例如：在簡報時卡詞）

❸寫下在「私人生活」方面，自己做得很好的三件事（例如：養成運動習慣）

❹寫下在「私人生活」方面，自己做得不好的三件事（例如：違背對朋友的承諾）

不必說也知道，無論怎樣的人，在人生中都應該有「做得很好」和「做得不好」的兩種經歷。

儘管如此，陷入侵襲陷阱的人，會以爲自己的人生宛如一連串的失敗。如果腦中總是充斥著負面的思想，那麼被這種想法所拘束也是無可厚非。

在這點上，加減法的最大重點就是，能夠讓我們想起簡單的事實，也就是「人生有樂也有苦」。這也是簡單的訓練，然而那些被侵襲的陷阱蒙蔽雙眼的人實踐後，經常能看到有很多案例是他們的心情宛如忽然將迷霧一掃而空。如果你苦惱於侵襲的問題，這方法很值得一試。

順帶一提，無論使用哪種訓練，在執行侵襲對策時，請別認爲接受就和主張「喜歡自己的一切」、「做眞實的自己」、「放縱自己」一樣。接受應該追求的目標是，習得把自己當作「最好的朋友」來對待的技術。

無論一個人對自己要求多嚴格，也很少人會以此標準來對待摯友。如果摯友感到沮喪，大部分的人應該會以溫言暖語對待，例如「沒必要那麼沮喪」，或是提供具體的建議，像是「下次修正就好了」，或輕輕安慰，例如「運動不足對身體不好」等等，通常會選擇這三種行動，而不會輕易指責對方。

像上述這樣對待自己的失敗，就像對待摯友一樣，是最重要的重點。別無端責備自己，但也不要過分縱容自己，請努力以對待摯友的相同距離感對待自己。

# 36個問題，加快恢復的速度

培養恢復力的最後訓練是「自我認識問題」[7]。

在三種訓練中，這是最費工的，但也因此具有極大的效果。用科學家思維模式和侵襲接受的方法，都無法治癒失敗傷害的人，可以用這個方法努力看看。

自我認識問題是由烏爾辛納斯學院的幾位研究者所提倡的技法，它的設計是透過回答36個問題，獲得以下的效果。

❶重新確認自己的優勢

❷重新將注意力轉向未來

首先第一個效果是，在思考問題答案的過程中，意識到自己的「優勢」。你可以重新確認自己擁有的良好性格、技能和過去達成的成就，像是「溫柔善良」、「守時」、「過去因企劃能力得到讚賞」等等，想起自己的優點。

這種效果對恢復力有幫助，因為它有助於對付先前提到的侵襲。就像第2章中也說明過的，我們的大腦具有負面偏誤，特徵是在遇到挫折後，很容易將視野轉向人生討厭的一面，例如「我總是很不幸……」。

這種狀態如果放著不管，你的大腦就會不斷想著討厭的事，永遠無法從失敗中恢復。要解決這個問題，首先你必須重新確認自己擁有的優勢。

從自我認識問題得到的第二個好處是，可以讓你的注意力轉向未來。

通常經歷了挫折的人，大腦會從那時開始，將注意力轉向過去。「為什麼會做那種事呢……」、「之前也犯過同樣的失敗……」等等，過去發生的討厭事件的記憶，將會連鎖浮現，這時要轉移注意力並不容易。

進入這種狀態的大腦，會立刻判斷「我的人生受到威脅」，並開始根據過去的負面記憶，試圖尋找解決方案。這可以說是一種大腦的防禦反應，但是當這個功能過度運作時，我們的大腦常常會被過去的討厭記憶纏住，而逐漸失去對未來挑戰的

# 讓我們試著實踐「自我認識問題」吧！

接下來看看「自我認識問題」的做法。

這份問題集分成了六個部分，每個部分各準備了六個問題。爲了充分發揮所有問題的作用，請在每個問題花費二至三分鐘，每個部分則需花費15至20分鐘。

也就是說，完成所有問題最短也需要一個半小時，但因這樣的作業負擔較高，不建議在一天內做完所有問題。請一天實踐一個部分，並以全部花費六天左右的心理準備來嘗試努力完成。

## 第1部分 深入了解你的「認識」

在這個部分，將會思考你對自己的看法。請深入思考你的根本能力和特徵，並深入了解「我認識的自己是怎樣的人？」

★1 如果要舉出五個能夠代表你的形容詞或特徵，那會是什麼？（例如「溫柔」「長得高」等等）

2 如果要舉出五項你認爲應該完成的職責，那會是什麼？（例如「父親」、「推廣知識」等等）

3 如果要舉出五項你擁有的技能或能力，那會是什麼？（例如「我會統計」、「我會英語」等等）

4 如果要從你的所有物當中，舉出五件用來代表你是怎樣的人，你會選什麼？（例如「布玩偶」、「運動服」等等）

★5 如果要舉出了五項有助於了解自己是怎樣的人的人生經驗，那會是什

麼？（例如「現在仍然受大學考試的失敗所影響」、「成功舉辦大型發表會」等等）

6 你認爲有助於親密的朋友或家人描述你的五個特質是什麼？（例如「怕生」、「一旦開始就會做到最後」等等）

## 第2部分 深入了解你的「原始感覺」

接著要深入了解的，是你的個性和價值觀，找出能夠獲得「這就是眞實的我」、「這就是我感到輕鬆自在的狀態」等感覺的狀態。心理學將這種感覺稱爲「原始感覺」，可以說是深入探索你的「自我」部分。

★1 當我思考「我是怎樣的人？」時，我在自己的性格中，清楚意識到哪個方面？（例如「開朗」、「誠實」等等）

★2 你展現給世界的「自我形象」，與你感覺到「這才是接近眞正的自己」的你，有哪些地方是一致的？（例如「身邊的人覺得我很認眞」、「朋友說我情緒低落」等等）

3 請試著想出三個卽使受到社會或朋友的壓力，仍然忠於自己的例子。你要怎麼做，才能維持做自己，就像那時一樣？（例如「二十幾歲時雖然被父母催促結婚，但我以工作優先。就像那時一樣，只要推拖閃躲就好」等等）

4 如果要舉出你的三個重要價值觀，那會是什麼？而且，你有能夠巧妙使用這個價值觀，來改善自己未來的方法嗎？（例如「我重視『成長』，所以會在工作中增加提升會話能力的情景」等等）

5 在你的人格中，有什麼特點是無論怎樣的狀況都不會改變的呢？（例如「與他人交往太深入會感到疲累」等等）

6 請用第1部分的問題1～6，重新審視你寫下的答案清單。這些清單中，有沒有和你所認爲的「眞實自己」相反的事情呢？如果有的話，該怎麼做才能更加保持一致性呢？（例如「雖然朋友覺得我是怕生的人，但我並非討厭與人交際。我是不擅長應對很多人，如果能限制成少數人聚會參加，我應該就能保持一致性」等等）

## 第3部分　深入了解你的「優點」

在這個部分，將會思考你優秀的地方和值得自豪的事。將注意力重新轉向自己的優點，是克服負面偏誤陷阱的重要步驟。

1　你認爲自己最優秀的天賦是什麼？（例如「體力好」、「計算能力好」等等）

2　將自己與他人做比較時，你認爲自己特別優秀的地方是什麼？（例如「具備漫畫知識」、「性喜探究特定事物」等等）

★3　你認爲你的人生在哪些方面，比你的熟人或朋友的人生更出色？（例如

「有充裕的時間」、「內在生活豐富」等等）

★4　如果要舉出三件讓自己感到自豪的事，那會是什麼？（例如「把孩子扶養成人」、「熬過艱難的過去」等等）

5　如果要舉出你人生中達成的三件最大成就，那會是什麼？（例如「研討會的研究獲得表揚」、「在社團活動中贏得正式成員資格」等等）

6　什麼事讓你歷經千辛萬苦？有沒有人和你共同擁有這些苦惱？（例如「現在正在資格考試的學習中停滯不前，同事應該也有這種煩惱吧」等等）

## 第4部分　深入了解你的「過去」

從這裡開始，將會想想過去的自己，深入調查你在人生中曾經拋下不管的事情。

這個部分是透過暫時回顧過去，以探尋未來的新可能性。

★1

請舉出三項儘管你打從心裡很享受，卻很少有機會去做的活動。爲了更頻繁地進行這些活動，你可以做些什麼呢？（例如「喜歡閱讀但沒有空，因此可以使用外勤工作的空閒時間」、「想去戶外活動，若能有計畫地使用給薪假，或許就可能辦到」等等）

★2

你這個人是否有任何部分，偏離了你所期望的人生路線？如果有的話，你可以做些什麼，讓你回到期望的路線上？（例如「希望人生在工作的同時，有充裕時間享受興趣，但現在卻一直在工作。因爲非常害怕工作減少，所以慢慢增加一些休閒時間吧」等等）

3

你有沒有先人後己的經驗？如果有的話，該怎麼做才能爲自己和他人的需求重新取得平衡，更能關注自己的需求呢？（例如「如果上司有點忙，我就會猶豫要不要去取得批准印。最好能設定定期的時間討論業務內容」等等）

4

最近有沒有什麼興趣已經不太花時間在上面了？如果有的話，該怎麼增加用在此興趣的時間？（例如「因爲幾乎沒有去看電影，我打算在月初

先安排行程」等等）

5
請試著回憶，高中畢業時，你想成為什麼樣的人。當時自己所擁有的特質中，有沒有什麼是你認為現在的自己已失去的積極要素呢？該怎麼做才能重新發現現在自己內在的積極要素呢？（例如「高中的時候，我想成為能夠幫助他人的人，其實我以前很喜歡照顧朋友。現在我每天都忙得不可開交，這種念頭已經變淡了，所以我想試著先從理解同事的需求開始」等等）

6
請試著花十幾分鐘的時間，看一看舊照片或閱讀舊日記。透過重新確認過去的自己，你能感受到什麼樣的優點？（例如「我明白過去的自己統整資訊的技能低落，因此能體會到現在自己的成長」等等）

## 第5部分 深入了解你的「工作」

在這個部分，將會再次關注你的工作，並考慮它是否能夠用以成爲提升自己的契機。因某些失敗而沮喪之後，意識到自己擁有的優點，是不可或缺的步驟。

★1 你的工作在哪些方面有助於人類進步？該怎麼做才能在未來也繼續這種狀態呢？（例如「雖然有很多難應付的客戶，但多虧他們才得以學會交涉的技能。繼續挑戰另一個專案，應該能讓能力提升更多」等等）

★2 你從工作中，可以學到什麼新事物或有趣的事情？這些經驗對你帶來什麼好處？（例如「現在的工作可以學到統計，多虧這樣，我能夠以機率的角度來看世界」等等）

3 在你必須承擔的工作責任中，有什麼是你覺得很開心的？你的工作因此進展得更順利了嗎？（例如「我覺得定期統整業界的現況很開心。多虧這樣，我能經常跟上最新資訊」等等）

4 該怎麼做才能把平凡無聊的工作變得更有趣？（例如「與同事交流合

作，試著把工作化爲遊戲」等等）

5 過去五年時間，你在工作中學到了什麼新技能？這項技能將爲現在的你帶來什麼好處？（例如「多虧提升了英語會話的技能，旅行時不再感到困擾」等等）

6 在今後的五年，你能夠再學到什麼樣的專業技能？（例如「進一步增進統計知識，並取得一級檢定」等等）

## 第6部分 深入了解你的「未來」

最後這個部分，將會深入探討你的未來。這是讓因爲失敗只執著於過去的大腦，將注意力重新轉移到未來更積極面向的步驟。

與此同時，這個部分也包括考慮你從現在開始，應該採取的具體行動。當然，請你確實完成在這個步驟想到的行動。

1 請舉出你未來可以挑戰的三個新奇又有趣的活動。這些活動中，有哪個是從下週可以開始的？（例如「參加有興趣的活動」、「開始跑步」等等）

2 請舉出你希望從現在開始學習的三個主題。請從中至少選出一個主題，爲了加深對此主題的理解，你要制定怎樣的行動計畫才好呢？（例如「請教擅長英語會話的同事」、「前往書店尋找教材」等等）

3 請想出本月可能會做，能夠促進自己成長的三個活動。你可以根據哪些步驟達成每項活動？（例如「報名參加線上英語會話」、「報名參加業界活動」等等）

4 請舉出你想去的三個地方。透過拜訪每個地方，你能學到什麼？（例如「冬天的汽車露營場，可以學習孤獨的好處」、「市中心的高級餐廳，能判斷高級店是否眞的物有所值」等等）

★5 過去五年時間，你在哪些方面有人格方面的成長？此外，這件事對現在的你有什麼影響？（例如「我覺得我學到責任和人際關係的難處。多虧

這樣，我才能以友善的態度對待他人」等等）

★6 在今後的五年，請思考你用來個人成長的方法。要實現這一點，你可以想到怎樣的行動計畫？（例如「聆聽更多不同行業的人的意見，擴大思考方式的範圍。爲此嘗試發送郵件給很久沒有聯絡的朋友」等等）

以上就是「提高自我認識的36個問題」。

實際嘗試就會發現，在回答完所有問題後，就會心生從容，並察覺你的思維方式有所轉變，更加轉向未來。雖然不能說這樣就能完全克服失敗，但應該能確實加快從挫折的傷害中恢復的速度。

只不過，如果感覺完成所有問題很困難，此時可以暫時只考慮回答各部分帶有★標記的12個問題。★標記的問題是嚴選出重要度特別高的問題，因此只專注於這些問題，也能獲得一定程度的效果。而且，如果你覺得只回答12個問題，心情還未能舒暢，也可以嘗試挑戰所有的問題。

就像你已在書中多次看到的，我們的大腦被設計成經歷沉痛的失敗時，更容易忘記自己的長處，並執著於過去。

要從這個陷阱脫身，最好的方法是有意識地深入探索自我認識。自我認識問題在每次重複時都會增加恢復力，請別只試一次就結束，請試著以定期訓練的方式進行。

# 「為了不哭泣，我繪畫」

一九三五年，瑞士的抽象畫家保羅・克利（Paul Klee），在55歲時全身性硬化症發病，使他陷入無法自由活動雙手的狀態。

這是隨時放棄繪畫也不奇怪的逆境，但克利仍未放棄創作，他竟然在難治之症發病兩年後，突然進入了好運連連的狀態。因爲他用不靈活的手畫圖，反而產生了前所未有的獨創性，他在僅僅一年內，就推出了1253幅畫作，令人驚訝。

克利對於爲什麼創造力在病後爆發的理由，留下了一句「爲了不哭泣，我繪畫」。面對任何人都會受挫的痛苦，克利反而化爲動力，朝著未來前進。

要像克利一樣成就一番偉業確實很困難，但每個人應該都可以立下達到同樣境界的目標。我們必須經常不斷描繪屬於自己的畫作，以避免爲不幸而哭泣。

# 終章

## 開始另一場遊戲

——幸運＝（行動×多樣＋察覺）×恢復

就這樣，一個故事閉幕了。

——引自《超時空之鑰次元之旅》

# 持續玩相同的遊戲是修羅之道

恭喜你，經過目前爲止的訓練，你已經獲得了抓住好運所需的技能。

第一章提高行動力；第二章學會察覺力；第三章培養持續力；第四章鍛鍊恢復力。如果能將所有技能結合，你的人生引起連鎖幸運的機率就會大幅提高。

不過，這件事還沒結束。這麼說也是因爲，到抓住好運爲止以前都還好，但之後很多人就會陷入以下的陷阱。

「緊緊抓住過去的幸運而無法放手。」

例如，假設你總動員本書的技能，並藉此將夢寐以求的專案導向大成功。身邊的人稱讚你的豐功偉業，上司對你的評價也越來越高。

感覺良好的你立刻著手進行下個專案，但此時很多人會意圖複製上次的過程。直接使用相同的商業模式、相同的工作人員、相同的主題，以及相同的資訊，試圖重現先前抓住的好運。

當然，這種行爲並沒有什麼不好。畢竟你成功推動該專案是事實，因此過去的行動無疑應該是正確的。既然如此，比起拙劣地做不同的事，踏著同樣的過程走，理應更能降低失敗的風險。

可是，話雖如此，如果一直堅持做同樣的行動，不久就會逐漸惡化，這是很容易預料到的情況。

情況總是在不斷變化，這是世界常理。昨天可行的商業模式，說不定明天就會失效；儘管是你很放心的員工，你也不知道他何時會離職；也可能會出現超越你能力的競爭對手；以前的情報來源也有可能變得過時。雖說是成功，要是一直持續相同的行動，也會無法適應環境的變化。

像是愛因斯坦曾經暫時脫離取得一定程度成功的數學問題，並提出了相對論；

還有寇特・柯本（Kurt Donald Cobain）在專輯《Nevermind》大獲成功，買了巨大的高級公寓後，卻在附近的汽車旅館起床。這些例子都顯示讓自己擺脫過去成就的重要性，再怎麼強調也不爲過。

說到底，爲了抓住好運，多樣化的行動是不可或缺的，這點在之前已多次提過。儘管如此，如果執著於特定的成功模式，就會捨棄自己的好運方程式。

或許有很多人認爲這是理所當然的。「捨棄成功體驗」、「總是做新的事」，這種句子是商業書的經典，是每個人都會聽過的建議。每個人都希望沉浸在自己的成功中，而且應該沒有人想要積極地放下已獲得的勝利之路。

可是，話雖如此，如果只靠說大話就能脫離成功的陷阱，那就不用吃苦了。

就像我們在第1章看過的，人的大腦是具有厭惡新事物偏見的器官。許多研究都表明了這個事實，這幾年也有一些喜歡鄉村生活的人，會過度批評城市；體育迷只記得自己支持的球隊贏得的比賽；還有報告指出大多數投資者容易只收集支持自己推薦的股票資訊[1]。也就是說，我們多數人雖然在頭腦中理解「不該執著於成功」，但無意識中卻有追逐自己喜歡的成功模式的特質。

如果用遊戲來比喻這個問題，就像是即使已迎接結局，仍舊只顧著持續玩同一款遊戲一樣。

如果你持續玩同款遊戲，你的遊戲技巧確實會提高。可是，隨著時間經過，進步的速度會放緩，最終無法期待看到像新手時的改善。

此外，在任何世界都人上有人，因此只持續專注於一款遊戲，在前方等待的，將是由花費數千小時玩遊戲的高手組成，互相激烈交鋒的修羅之道。如果是天賦異稟那就另當別論，但在這樣的世界不管過了多久，大多數人也不會有勝算吧。既然如此，在看到一定程度的進步後，就停止玩那款遊戲，轉移到別款遊戲，比較能拓展人生的可能性。

# 心思的漫遊，將你從過去的成功中解放出來

爲了捨棄對特定遊戲的執著，本書採用了「心思漫遊」的思考方式。

**所謂的心思漫遊，指的是腦中浮現與眼前工作無關的無益思考的狀態**。例如在工作時腦中浮現「昨天看的影片很有趣啊……」、「待會要吃什麼呢……」等等既無害也無益的思考或意象，這種不知不覺就不認眞工作的經驗，應該每個人都有吧。根據研究，據說大多數人一天有46.9％的時間花在「心思的漫遊」上[2]。

這種大腦的作用，對於打破執著於過去幸運的念頭，是不可或缺的。因爲心思的漫遊而浮現的無益思考，能夠引發我們新的潛力。

爲了理解這個機制，讓我們來看看推理小說作家雷蒙・錢德勒（Raymond Thornton Chandler）的例子吧。

錢德勒是一位犯罪小說大師，知名的作品有《大眠》和《漫長的告別》等傑作，對後來的偵探小說和懸疑電影帶來了不可計量的影響。

有趣的是，錢德勒在寫作時設定了獨特的規則。他決定「一天有四小時什麼也不做」，在這段時間當然不會出去玩，還自己禁止包括閱讀、運動、打掃房間等所有行爲。唯一的例外是，他會在這四小時寫下想到的點子，除此之外，他只是什麼也不做，一直在室內放鬆休息。

雖然這給人感覺是天才古怪行爲的軼事，但這種獨特的寫作風格，帶給錢德勒很大的好處。因爲在他什麼都不做，遊走思緒的過程中，腦中浮現的意象會以意外的形式連結在一起，成爲新表現的靈感提示。

希區考克電影的一個場景、過去讀過的低俗小說的一節、散步時聽到的隨意對話的記憶……。

正如錢德勒自己所說的，「邏輯越強，就越會喪失創造力」，他反而持續關注腦中浮現的隨機資訊。「說再見就是死了一下」、「只有準備好被開槍的傢伙才能開槍」等名言，都是從心思的漫遊誕生的。

心思的漫遊所帶來的創造性提升，無論意義上是好是壞，都會左右我們的運氣。首先從好的一面來說，它會從我們的腦中引出大量的訊息，讓我們從困於框架的思維中解放出來。

如同錢德勒所實踐的那樣，心思的漫遊可以幫你把過去吸收的大量記憶，重新浮現在意識上，並將每個記憶各自以有用的形式連結起來。零碎的記憶連結在一起，就會產生意想不到的構思。

許多資料也顯示了這個好處，其中最知名的應該算是加州大學的研究。研究團隊請求72名學者與113名作家的合作，在隨機的時間向所有人提問：「你產生工作創意的瞬間在做什麼？」讓他們持續記錄出現良好構思的情境長達兩週時間[3]。

團隊在這項研究所重視的重點是：「心思的漫遊是否會產生新的點子？」就像錢德勒在無所事事的時間創作出優質故事一樣，我們一般人也能透過「無關聯的思考」來超越舊有的想法嗎？

這個答案當然是肯定的，**優質的點子大約有20％，是在心思的漫遊發生後立刻產生的**。在洗碗、整理收據、開車等單純工作的過程中，頭腦被認爲是無用的思緒充斥時，更容易浮現出良好構思。雖然以研究而言，還處在仍須進一步驗證實驗的階段，但我們想要擺脫舊有的思考模式時，暫時讓心思漫遊肯定是比較好的做法。

「漫遊」這個詞彙可能帶有負面印象，但實際上，這算是能夠引發蘊藏在你內心潛力的活動。

# 引出你潛力的七種「漫遊訓練」

只不過，困難的地方在於，心思的漫遊也有副作用。許多資料顯示，心思的漫遊可以提高創造性，但另一方面，也有不少資料顯示，其實它與不安和憂鬱有關。

具代表性的是哈佛大學進行的研究，他們向2250名男女不定期發送問卷調查，並記錄了他們日常生活中浮現在腦中的思維共計25萬件[4]。研究團隊呈現的結果如下所述。

「心思的漫遊說明了約10.8%的人類幸福感，並能夠以高準確度預測人的幸福度。而且心思的漫遊容易成爲不幸的來源。」

根據分析顯示，人在白天思緒漫遊的次數越多時，就越容易出現不安、精神官能症、憂鬱等症狀。心思的漫遊雖然會提高創造性，但似乎也同時有許多案例會引起心理不適。

心思的漫遊之所以會導致心理健康惡化，是因爲它會造成第4章提到的侵襲發生率上升。

在心思漫遊時產生的思維未必都是正面的。「朋友不回訊息是不是因爲討厭我呢……」、「爲什麼晉升被暫緩呢……」腦中浮現這種想法，被負面訊息充斥的經驗，任何人都可能有吧。此時只要能無視漫遊的想法就好，但如果轉移負面漫遊的意識失敗，負面思維的發生率就會慢慢增加，不久就會導致侵襲在腦中扎根。

總之，要將我們的心思漫遊運用自如，就必須在逃避其黑暗面的同時，只享受它帶來的好處。如果毫無策略就讓心思漫遊，你內心的不安就會開始膨脹，很可能反而會增加你執著於過去成功模式的念頭。

這的確是一道難題，但幸運的是，近年來已有明確的方法，可以讓我們有效使用心思的漫遊。接下來將介紹七種具體的「漫遊訓練」。

## 訓練1：安排漫遊的計畫

在漫遊訓練中，最重要的是「企圖」的思維方式。這個詞彙看似很困難，但它的意思可以簡單統整如下所示。

❶事先決定讓心思漫遊的時機
❷只在定好的時間讓心思漫遊

企圖的基礎是，在一天中明確地空出讓心思漫遊的時間。像是「從明天15點開始只讓心思漫遊10分鐘」、「在睡前一小時空出時間不想任何事」之類的，先在事前仔細定下讓心思漫遊的時機。

也有許多資料顯示這麼做的效果，北卡羅來納大學對274名大學生進行的實驗，調查了參加者平常如何讓心思漫遊[5]。而且實驗還指示測量所有人認知能力的測驗，得到的結果如下所示。

◎事先決定「這段時間讓心思漫遊」的人，認知測試的成績很好，能夠以更新穎的構思解決問題。

◎在隨機的時間讓思緒漫遊的人，認知測試時比較無法集中精神，成績較差。

平時就策略性讓心思漫遊的人，腦內容易將多種資訊隨機結合，因此能夠順利擺脫僵化的思維。無計畫的空想會形成問題的種子，而有計畫的心思漫遊，反而具有解放你思考的引爆劑作用。

花在心思漫遊的時間，大概標準是一天15至30分鐘。例如在通勤的電車上、正在做不需要專注力的辦公室工作等等的時間，找出你可以「心不在焉」的時段，嘗試安排漫遊的計畫表吧。

## 訓練2：進行誘發漫遊的任務

心思的漫遊往往容易在簡單的工作中發生。單純的工作不需要龐大的專注力，因此意識會轉向腦內隨意的思考。讓我們來看看容易誘發心思漫遊的任務例子吧。

### ◉簡單的運動

像步行或慢跑這種節奏運動，因爲動作單純又持續重複，是容易讓心思漫遊的典型任務。此外，由於改善血流也可望帶來改善心情的效果，也能期待它有防止心思漫遊副作用的效果。

爲了漫遊使用節奏運動時，建議「稍微快走」，以時速6至8公里的固定步調進行。

### ◉輕鬆的一般雜事

不需要專注力的輕鬆雜事，最適合引發心思漫遊。在工作休息時間泡茶，或在學習空檔整理書桌，這類頭腦負擔較輕的工作，可以讓意識放鬆，造成心思的漫遊。

不過，利用輕鬆的雜事引發漫遊時，請別設下「用30分鐘打掃房間」或「必須洗得更乾淨」之類的目標。當我們的意識轉向特定目標的瞬間，大腦就會停止漫遊。

## ◉只動手操作的一般工作

只忙著動手的工作，往往也容易發生心思的漫遊。像編織、除草、轉筆這種持續相同動作的活動，可以適度解放你的專注力，成爲引發無關聯思考的誘因。

此方法的注意事項與剛才的一樣，請勿給自己施加「必須在截止期限前完成工作」之類的壓力。只需要動動手，就能得到引發心思漫遊的效果。

## ◉有意的塗鴉

在多種的漫遊誘發任務中，「塗鴉」是資料最多的。根據多項研究顯示，塗鴉可以引起心思的漫遊，解放僵化的頭腦[67]。

塗鴉的內容什麼都好，你可以胡亂畫出喜歡的角色插圖，也可以隨意寫下腦海中浮現的無意義短語。想不到塗鴉的內容時，就試著思考你目前遇到的問題吧。例如「這個專案最適合的資源是什麼？」、「要怎麼與上司順利對話？」等等，只要想到什麼目前的問題，就可以直接開始塗鴉。透過這種方法，引起有意的心思漫遊，更容易想出嶄新的解決方案。

## 訓練3：向前方視覺化

所謂的向前方視覺化，是有意地讓正面積極的空想在腦中浮現，引起心思漫遊的方法。讓我們先來看具體的方法吧。

❶找一個沒有任何人打擾的地方，坐下來放鬆幾分鐘

❷從現在起到半年至十年後的時間中，選一個你喜歡的時間點，試著想像一切順利的理想未來

❸注視大腦任意展開意象的樣子，並沉浸在這種想像中，約5到10分鐘

這裡選擇的「理想未來」，只要是你能享受的情景都可以。人際關係和家庭關係都處於良好的情況；從以前就夢想的工作成真的瞬間；用興趣賺取巨大利潤的情景。

無論是怎樣的未來都沒問題，只要想像自己的理想就好。無法順利想出理想情景時，請在度假勝地躺下休息，或者和可愛的貓玩耍，選擇給你舒適感覺的意象。

此外，想像未來時，重點是盡可能想像到細節。「身處理想的未來時，我的心情如何？」、「我懷有怎樣的情緒？」等等，請清晰地想像身處於那個情景中的自己。

雖然這可能讓人認爲只是逃避現實的手法，但它高度的效果，已經在良好準確度的研究中得到證實。代表的例子是由柏林自由大學進行的統合分析，研究團隊分析了過去進行的34項數據，結果發現實踐前方視覺化的受試者，可以引發更好的心思漫遊，大幅改善了心理狀態[8]。

可是，這裡希望讀者注意的是，不應該讓想像脫離現實，例如「成爲職業足球

運動員在世界上大顯身手」或「成爲最年輕的諾貝爾獎得主」。要是浮現出不可能的想像，與現實之間落差太明顯，大腦很可能會進入負面模式。請注意想像中的理想未來，始終只是現實的延伸。

## 訓練4：使用刻板印象

第四個訓練也是利用想像力，引發心思漫遊的手法之一，進行的方式如下所示。

❶只選一個你現在遇到的問題（例如「工作緩慢」、「缺乏動機」等等）

❷說到「受幸運眷顧的人」和「善於解決問題的人」時，請選出一個腦海中立刻浮現的人

❸假設你徹底成爲那個人並自問：「該怎麼思考自己遇到的問題？」然後任憑各種想法在腦中浮現

在❷所選擇的人，可以是你身邊的人，也可以是虛構的角色。你可以想像達利或畢卡索那種藝術家，也可以選擇自己職場上的智多星，請選擇那個讓你打從心底覺得「這個人很幸運」、「這個人很有創造力」的人物。

此外，在進行這個訓練時，並不需要提出最終答案。在這裡最重要的是，徹底扮演另一個角色，站在與平常的自己不同的觀點去思考。在心理學的世界，有一種被稱爲「創造性刻板印象」的手法，即使只是站在別人的角度看待事情，也能讓我們的大腦從舊有的思維中解放出來，並可能讓我們的思考不受過去成功的束縛[9]。

## 訓練5：刪除選項

執著於過去成功的人，只會覺得過去自己選的方法才是正確的，意圖用舊有的手法處理新的問題。如此一來，無法擺脫過去的成功模式，只能引發老套的行動。

用來脫離這種狀態的有效方法，就是「刪除選項」的訓練。這是史丹佛大學的研究團隊設計的方法，按照以下的要領進行[10]。

❶如果遇到什麼問題，請列出所有想到的解決方案
❷試著想像「如果清單上的解決方案全都不能用呢？」
❸思考不在清單上的解決方案

雖然這是簡單的訓練，但光是這樣你的大腦就轉移到了漫遊模式。一旦要刪除所有想到的解決方案，無法再用舊方法逃避，大腦就會開始自動尋找其他解決方案。如果發現自己正在挪用過去的解決方案，請試著留意刪除這種選項。

## 訓練6：追逐第二名

大部分的人在追求成功時，會參考的是「第一名」。模仿忽然提高業績的同事；調查躍上業界頂尖企業的策略；再次利用以前收穫成功的手法等等，類似的例子不勝枚舉。模仿氣勢如虹的頂尖表現者，想再次使用有實績的過去策略，這是任何人的心思都會有的自然運作。

可是，這種想法也有風險。因爲一般認爲成果越好的頂尖表現者，他們受幸運眷顧的次數也比較多。

根據ESMT柏林商學院的研究，從《告示牌》雜誌的紀錄，收集了過去20年來8297組藝人的數據，確認了曾經進入排行榜前20名的藝人，在接下來的單曲中是否維持相同的成功機率[11]。分析的結果如下所示。

◎曾取得頂級排名的藝人，在下次作品的銷售額容易下滑，其排名平均在40至45名。

◎在榜單上進入22至30名的藝人，下一首單曲也有類似的銷售趨勢。

從整體來看，第二名的藝人的表現比第一名更穩定。造成這種情況的原因很多，但影響最大的因素，大家依然認爲是運氣。

如同序章也提過的，要取得巨大成功，幸運是不可或缺的。取得巨大成功的藝人背後，非常可能是實力以外的因素正在起作用。因此，越是驟然成功的人，無法維持相同水準成功的機率也越高。而另一方面，落在第二名的這一組，由於運氣相關的因素較少，被認爲他們擁有實力，與之後的穩定表現有關。

順帶一提，同樣的現象在商業世界中也得到證實。根據對《財星》雜誌的「100家優良企業」的調查研究顯示，頂級成長率的企業（年增長率34%以上），比起次高的企業（年增長率32%以上，未滿34%），次期的成長率顯著較低[12]。這個結果也顯示此一事實，次佳的企業，較容易維持高度的表現。

如果你想追上頂尖表現者，或者想再次利用過去的策略時，請試著重新考慮「能不能關注第二名的人或想法？」**透過追逐第二名，你將更容易擺脫成功的陷阱**。

## 訓練7：選擇孤獨

最後的訓練是「選擇孤獨」。

近年的研究顯示，敢於離開團體，置身於獨自一人的環境中，這種行爲有引起心思漫遊的作用。例如，在紐約州立大學等機構的研究中，爲了調查孤獨與創造力的相關性，對參加的學生進行了測試，報告指出非社交型的人創造力較高[13]。

這項研究所定義的「非社交型的人」，有以下的性格特徵。

◎雖然不追求與他人交流，但也不會拒絕同伴的邀約。
◎即使獨自一人，也不會感到寂寞，而且可以享受孤獨。

非社交型的人雖然喜歡與人交流，但幾乎不會主動邀約朋友。此外，他們與一般的「孤獨」形象不同，即使獨自一人也不會被負面情緒襲擊，這也是他們的特徵。總之，越能夠享受孤獨的人，越不會執著於過去的慣例，更擅長提出新的構思。

孤獨之所以能打破舊有行爲，有兩個原因，首先第一點是，透過切斷與他人的關係，會刺激心思的漫遊。處於孤獨時，可以不使用大腦資源與他人交流，心思就能等著自由地開始漫遊。

與此同時，只要獨自一人，心裡就不必煩惱「要配合周圍說話」、「要避免說出奇怪的話」[14]。因爲不需要對周圍察言觀色，可以讓構思不受舊有的框架拘束。

只不過，爲了獲得孤獨的好處，並不需要遠離人煙，躲在深山裡。「獨自度過這一天」、「只有16點起的一小時選擇孤獨」、「提早一小時進入辦公室」等等，只要事前決定好，按照計畫度過就夠了。當然，此時別忘了關掉手機和電腦，切斷與外界的接觸。

## 所有的行動將會合計成「經驗值」

如果能用心思的漫遊放下過去的幸運，再來就是去找下一個要玩的遊戲吧。請再次從頭開始專注於好運方程式，從增加行動量的階段重新執行。

這麼說起來好像很困難，但請放心，你鍛鍊至此的能力並不會重置消失。在探索世界的過程中習得的技能，將被合計到大腦的「經驗值」資料庫中，即使一個遊戲結束後，也會持續留存在你的腦中。

此外，本書介紹的四種能力，是在任何工作或興趣都能派上用場的基本能力，也可以充分活用在新的遊戲中。

即使你在一個遊戲中遇到挫折，也不須感到氣餒。畢竟無論你 Game Over 多少次，每次都會確實地更接近升級，攻略人生這場運氣遊戲，也必定會變得更容易。

結語

# 將「運氣遊戲」切換到簡單模式

# 勝者越會高估自己的才能和努力

「成功者將自己的力量看得很大。」

這是代表明治時代的作家幸田露伴的話。

成功的人越會高估自己的才能和努力，而輕視運氣在過程中起作用的重要性。露伴留下了許多人生理論，他在調查幾位成功者後，才得出這樣的結論。

這個觀察的正確性無疑來自於數據，例如在針對大學教授的調查中，有94%的受試者回答「自己的成果在平均以上」，報告指出**高學歷者更容易高估自己能力的事實**[1]。

此外，一項針對約三千位成功企業家的研究也顯示，81%認爲自己的事業成功率約爲70%，還有三分之一的回答是「沒有失敗的可能性」[2]。認爲自己成功是靠運氣的成功者，似乎還是少數派。

不用說也知道，這些成功者的答案並未反映事實。

擁有高於平均水準能力的教授，占了九成是不可能存在的情況；而在五年內有八成以上的新創公司會被迫倒閉的世界，成功率也不可能達到七成。就像我們在序章中多次看到的，大部分的成功者都明顯受到幸運眷顧；而不成功的人也明顯是不幸的。

儘管如此，世界上流傳許多成功的建議，都只是許諾保證獲得巨大成就的魔法配方，或是防止失敗的祕密規則，卻未指出許多非凡的豐功偉績，都是運氣使然的事實。

這個理由不言而喻，因爲人類本來就是追求所有成功都有明確理由的生物。行爲經濟學的權威丹尼爾・康納曼（Daniel Kahneman）在自傳中指出如下[3]。

「成功的故事能夠吸引讀者的心，是因爲它提供了我們大腦渴望的東西。勝利皆有明確的原因，而無視運氣也無所謂，提供的就是這樣的訊息。」

如同第1章說明的，人類的腦內在進化過程中，配備了討厭未知訊息的系統。因此許多人在面對困難的問題時，會反射性地尋找容易理解的答案。

「那家企業之所以急速成長，靠的都是社長的領導能力。」

「那個人會成爲網紅，是因爲他的口才很好。」

其實或許存在更複雜的原因，但因爲人類太討厭未知訊息帶來的不悅感，所以會尋求簡便的答案。在這個過程中，像「運氣」這種模糊不清的理由會被無視，並且不被視爲成功的因素之一。

特別是在現代這種高度不確定性的時代，每個人都在尋求明確的答案，並希望依靠它。如此一來，勝者的故事中排除了「運氣」的因素，並逐漸加深了成功者的過度自信。

## 不為失敗與成功所動，只是持續使用方程式

本書的最後之所以提到了「過度自信」的問題，是因爲這種心態會讓好運方程式失常。

當然，一旦深信「我會成功」，就再也不須對自己的行動和思考抱持疑問，從而就會失去進一步學習新知識，或是拓展活動範圍之類的意願。簡單來說，過度自信會使好奇心下降，忽略對世界的探索。

此外，**過度自信的心態也會降低察覺力**。

就像我們在第2章看過好幾次的，爲了注意到我們在日常生活中發生的良好偶

然，我們必須承認自己的能力有限，並客觀地凝視世界的變化。然而，要是深信「自己已經了解一切」，立刻就會失去理性謙虛，無法注意到身邊發生的幸運。

事實上，書中在第260頁提到的創業家調查，結果也顯示越是過度自信的人，後來的事業失敗機率越高。會造成這種現象，無非也是因爲過度高估自己的才能和努力，輕視運氣的力量。

總之，**成功者不可因自己的能力或成果而驕傲，因為他的成功多是運氣的產物**。同樣地，**失敗者不需要哀嘆自己的失敗，因為他的失敗也多是運氣的產物**。

最後，無論你獲得多大的成功，或是經歷多麼沉痛的失敗，在任何情況下，往後該做的事都是不變的。

不自滿於成功的喜悅；也不屈膝於失敗的痛苦，而是一輩子鍛煉本書所傳授的能力，同時反覆挑戰各種遊戲。僅僅如此而已。

請務必不爲人生的失敗和成功所動，淡然地持續使用好運方程式。在反覆進行這種挑戰的過程中，人生這場「運氣遊戲」應該就會逐漸切換爲簡單模式。

祝福各位幸運滿滿。

鈴木祐

# 參考文獻

## 前言　人生其實是一場「運氣遊戲」？

1. Branko Milanovic; Global Inequality of Opportunity: How Much of Our Income Is Determined by Where We Live?. The Review of Economics and Statistics 2015; 97 (2): 452–460. doi: https://doi.org/10.1162/REST_a_00432
2. ダニエル・ハマーメッシュ『美貌格差―生まれつき不平等の経済学』東洋経済新報社 (2015)
3. Lubinski D, Benbow CP. Study of Mathematically Precocious Youth After 35Years: Uncovering Antecedents for the Development of Math-Science Expertise. Perspect Psychol Sci. 2006 Dec;1(4):316-45. doi: 10.1111/j.1745-6916.2006.00019.x. PMID: 26151798.
4. Qianqian Du, Huasheng Gao, Maurice D. Levi, The relative-age effect and career success: Evidence from corporate CEOs, Economics Letters, Volume 117, Issue 3,2012, Pages 660-662, ISSN 0165-1765, https://doi.org/10.1016/j.econlet.2012.08.017
5. Laham, S.M., Koval, P., & Alter, A.L. (2012). The name-pronunciation effect: Why people like Mr. Smith more than Mr. Colquhoun. Journal of Experimental Social Psychology, 48, 752-756.

## 序章　學習「運氣」的演算法

1. J.D. クランボルツ『その幸運は偶然ではないんです！』ダイヤモンド社 (2005)
2. 矢野眞和『教育と労働と社会・教育効果の視点から』日本労働研究雑誌２００９年７月号 (No.588)
3. Biondo, Alessio Emanuele &Rapisarda, Andrea. (2018). Talent vs Luck: the role of randomness in success and failure. Advances in Complex Systems. 21. 10.1142/S0219525918500145.
4. ロバート H. フランク『成功する人は偶然を味方にする・運と成功の経済学』日経ＢＰマーケティング (2017)
5. このシミュレーションは、運と能力の散らばり方に正規分布を使っておらず、上位の競争が実際より激しくなる問題がある点には注意されたい。
6. Biondo, Alessio Emanuele & Rapisarda, Andrea. (2018). Talent vs Luck: the role of randomness in success and failure. Advances in Complex Systems. 21. 10.1142/S0219525918500145.
7. https://wir2022.wid.world/
8. https://oi-files-d8-prod.s3.eu-west-2.amazonaws.com/s3fs-public/file_attachments/bp-economy-for-99-percent-160117-en.pdf
9. Janosov, Milan & Battiston, Federico & Sinatra, Roberta. (2020). Success and luck in creative careers. EPJ Data Science. 9. 10.1140/epjds/

s13688-020-00227-w.
10. Güllich A, Macnamara BN, Hambrick DZ. What Makes a Champion? Early Multidisciplinary Practice, Not Early Specialization, Predicts World-Class Performance. Perspect Psychol Sci. 2022 Jan;17(1):6-29. doi: 10.1177/1745691620974772. Epub 2021 Jul 14. PMID: 34260336.
11. Clayton M. Christensen , Jeff Dyer , Hal Gregersen『The Innovator's DNA: Mastering the Five Skills of Disruptive Innovators』Harvard Business Review Press (2011)
12. Mitchell, K. E., Al Levin, S., & Krumboltz, J. D. (1999). Planned happenstance: Constructing unexpected career opportunities. Journal of Counseling & Development, 77(2), 115-124.

## 第1章　探索世界地圖

1. Ogurlu, Uzeyir & Özbey, Adnan. (2021). Personality differences in gifted versus non-gifted individuals: A three-level meta-analysis. High Ability Studies. 33. 1-25. 10.1080/13598139.2021.1985438.
2. Custodio, Claudia & Ferreira, Miguel & Matos, Pedro. (2013). Generalists versus specialists: Lifetime work experience and chief executive officer pay. Journal of Financial Economics. 108. 471–492. 10.1016/j.jfineco.2013.01.001.
3. Murphy, Kevin & Zabojnik, Jan. (2006). Managerial Capital and the Market for CEOs. SSRN Electronic Journal. 10.2139/ssrn.984376.
4. Hudson, N. W., Briley, D. A., Chopik, W. J., & Derringer, J. (2019). You have to follow through: Attaining behavioral change goals predicts volitional personality change. Journal of Personality and Social Psychology, 117(4), 839–857. https://doi.org/10.1037/pspp0000221
5. Mueller, Jennifer & Melwani, Shimul & Goncalo, Jack.(2011). The Bias Against Creativity: Why People Desire but Reject Creative Ideas. Psychological Science. 23. 13-7. 10.1177/0956797611421018.
6. https://implicit.harvard.edu/implicit//japan/
7. V. L. Dawson, Thomas D'Andrea, Rosalinda Affinito & Erik L. Westby (1999) Predicting Creative Behavior: A Reexamination of the Divergence Between Traditional and Teacher-Defined Concepts of Creativity, Creativity Research Journal, 12:1, 57-66, DOI: 10.1207/s15326934crj1201_7
8. Ford, C. M., & Gioia, D. A. (2000). Factors influencing creativity in the domain of managerial decision making. Journal of Management, 26(4), 705–732. https://doi.org/10.1016/S0149-2063(00)00053-2
9. Katherine Giuffre, Sandpiles of Opportunity: Success in the Art World, Social Forces, Volume 77, Issue 3, March 1999, Pages 815–832, https://doi.org/10.1093/sf/ 77.3.815
10. Karla Starr『Can You Learn to be Lucky? : Why Some People Seem to Win More Often than Others』Portfolio(2018)
11. Galinsky AD, Todd AR, Homan AC, Phillips KW, Apfelbaum EP, Sasaki SJ, Richeson JA, Olayon JB, Maddux WW. Maximizing the Gains

and Minimizing the Pains of Diversity: A Policy Perspective. Perspect Psychol Sci. 2015 Nov;10(6):742-8. doi: 10.1177/1745691615598513. PMID: 26581729.

12. Herring, C. (2009). Does diversity pay?: Race, gender, and the business case for diversity. American Sociological Review, 74(2), 208–224. https://doi.org/ 10.1177/000312240907400203
13. Mohd Salleh, Sri Sarah Maznah & Fareed, Muhammad & Yusoff, Rushami & Saad, Rohaizah. (2018). Internal and external top management team (Tmt) networking for advancing firm innovativeness. Polish Journal of Management Studies. 18. 311-325. 10.17512/pjms.2018.18.1.23.
14. ABRAHAM FLEXNER「THE USEFULNESS OF USELESS KNOWLEDGE」Harpers Magazine 1939 June/November, issue 179, pp.544-552.

## 第2章　發現攻略的提示

1. Hyman, I. E., Jr., Sarb, B. A., & Wise-Swanson, B. M. (2014). Failure to see money on a tree: Inattentional blindness for objects that guided behavior. Frontiers in Psychology, 5, Article 356. https://doi.org/10.3389/fpsyg.2014.00356
2. Strayer, David & Drews, Frank. (2007). CellPhone–Induced Driver Distraction. Current Directions in Psychological Science - 16. 128-131. 10.1111/j.1467-8721.2007.00489.x.
3. Chen P, Powers JT, Katragadda KR, Cohen GL, Dweck CS. A strategic mindset: An orientation toward strategic behavior during goal pursuit. Proc Natl Acad Sci U S A. 2020 Jun 23;117(25):14066-14072. doi: 10.1073/pnas.2002529117. Epub 2020 Jun 10. PMID: 32522882; PMCID: PMC7322028.
4. https://www.gong.io/blog/deal-closing-discovery-call/
5. Kagan, S. Foreword to Wiederhold, C.『Cooperative Learning and Critical Thinking: The Question Matrix.』San Clemente, CA: Kagan Publishing, 1991
6. King, A. (1992). Facilitating elaborative learning through guided student-generated questioning. Educational Psychologist, 27(1), 111–126. https://doi.org/10.1207/s15326985ep2701_8
7. Chuck Wiederhold『Cooperative Learning and Higher Level Thinking: The Q-Matrix Perfect』 Skylight Professional Development(1995)
8. Chai J, Qu W, Sun X, Zhang K, Ge Y. Negativity Bias in Dangerous Drivers. PLoS One. 2016 Jan 14;11(1):e0147083. doi: 10.1371/journal.pone.0147083. PMID: 26765225; PMCID: PMC4713152.
9. Stephens, Amanda & Trawley, Steven & Madigan, Ruth & Groeger, John. (2013). Drivers Display Anger-Congruent Attention to Potential Traffic Hazards. Applied Cognitive Psychology. 27. 178-189. 10.1002/acp.2894.
10. Briggs, G. F., Hole, G. J., & Land, M. F. (2011). Emotionally involving telephone conversations lead to driver error and visual tunnelling.

Transportation Research Part F: Traffic Psychology and Behaviour, 14(4), 313-323. https://doi.org/10.1016/j.trf.2011.02.004
11. Leary MR, Diebels KJ, Davisson EK, Jongman-Sereno KP, Isherwood JC, Raimi KT, Deffler SA, Hoyle RH. Cognitive and Interpersonal Features of Intellectual Humility. Pers Soc Psychol Bull. 2017 Jun;43(6):793-813. doi: 10.1177/0146167217697695.Epub 2017 Mar 17. PMID: 28903672.
12. Mark Leary『What Does Intellectual Humility Look Like?』Greater Good Magazine(2021)
13. Mark Leary『The Curse of the Self: Self-Awareness, Egotism, and the Quality of Human Life』Oxford University Press(2004)
14. Mark Leary『Handbook of Self and Identity』Guilford Press (2012)
15. Deffler, Samantha & Leary, Mark & Hoyle, Rick. (2016). Knowing what you know: Intellectual humility and judgments of recognition memory. Personality and Individual Differences. 96. 255-259. 10.1016/j.paid.2016.03.016.
16. Meagher, Benjamin & Leman, Joseph & Heidenga, Caitlyn & Ringquist, Michala & Rowatt, Wade. (2020). Intellectual Humility in Conversation: Distinct Behavioral Indicators of Self and Peer Ratings. The Journal of Positive Psychology. 16. 10.1080/17439760.2020.1738536.
17. Farrell, Jennifer & Hook, Joshua & Ramos, Marciana & Davis, Don & Van Tongeren, Daryl & Ruiz, John. (2015). Humility and Relationship Outcomes in Couples: The Mediating Role of Commitment.. Couple and Family Psychology: Research and Practice. 4. 10.1037/cfp0000033.
18. Rozenblit L, Keil F. The misunderstood limits of folk science: an illusion of explanatory depth. Cogn Sci. 2002 Sep 1;26(5):521-562. doi: 10.1207/s15516709cog2605_1. PMID: 21442007; PMCID: PMC3062901.

## 第3章　挑戰主線任務

1. Liu L, Dehmamy N, Chown J, Giles CL, Wang D. Understanding the onset of hot streaks across artistic, cultural, and scientific careers. Nat Commun. 2021 Sep 13;12(1):5392. doi: 10.1038/s41467-021-25477-8. PMID: 34518529; PMCID: PMC8438033.
2. Yeager, David & Dweck, Carol. (2012). Mindsets That Promote Resilience: When Students Believe That Personal Characteristics Can Be Developed. Educational Psychologist. 47. 10.1080/00461520.2012.722805.
3. Oaten M, Cheng K. Longitudinal gains in self-regulation from regular physical exercise. Br J Health Psychol. 2006 Nov;11(Pt 4):717-33. doi: 10.1348/135910706X96481. PMID: 17032494.
4. Hudson, N. W., Briley, D. A., Chopik, W. J., & Derringer, J. (2019). You have to follow through: Attaining behavioral change goals predicts volitional personality change. Journal of Personality and Social Psychology, 117(4), 839–857. https://doi.org/10.1037/pspp0000221
5. Sheldon KM. Becoming oneself: the central role of self-concordant goal selection. Pers Soc Psychol Rev. 2014 Nov;18(4):349-65. doi:10.1177/1088868314538549. Epub 2014 Jun 30. PMID: 24981515.

6. Sheldon, K. M., & Houser-Marko, L. (2001). Self-concordance, goal attainment, and the pursuit of happiness: Can there be an upward spiral? Journal of Personality and Social Psychology, 80(1), 152–165. https://doi.org/10.1037/0022-3514.80.1.152
7. Smith A, Ntoumanis N, Duda J. Goal striving, goal attainment, and well-being: adapting and testing the self-concordance model in sport. J Sport Exerc Psychol.2007 Dec;29(6):763-82. doi: 10.1123/jsep.29.6.763. PMID: 18089903.
8. Langer, E. J., & Rodin, J. (1976). The effects of choice and enhanced personal responsibility for the aged: A field experiment in an institutional setting. Journal of Personality and Social Psychology, 34(2), 191–198. https://doi.org/10.1037/0022-3514.34.2.191

## 第4章　持續重複

1. https://www.chusho.meti.go.jp/pamflet/hakusyo/
2. Wang Y, Jones BF, Wang D. Early-career setback and future career impact. Nat Commun. 2019 Oct 1;10(1):4331. doi: 10.1038/s41467-019-12189-3. PMID: 31575871; PMCID: PMC6773762.
3. Camuffo, Arnaldo & Cordova, Alessandro & Gambardella, Alfonso & Spina, Chiara. (2019). A Scientific Approach to Entrepreneurial Decision Making: Evidence from a Randomized Control Trial. Management Science. 66. 10.1287/mnsc.2018.3249.
4. Kim, S., & Gal, D. (2014). From compensatory consumption to adaptive consumption: The role of self-acceptance in resolving self-deficits. Journal of Consumer Research, 41(2), 526–542. https://doi.org/ 10.1086/676681
5. Kolubinski, D.C., Nikčević, A.V. & Spada, M.M. The Effect of State and Trait Self-Critical Rumination on Acute Distress: An Exploratory Experimental Investigation. J Rat-Emo Cognitive-Behav Ther 39, 306–321 (2021). https://doi.org/10.1007/s10942-020-00370-3
6. Lancer, D. (2016). Substance abuse: The power of acceptance. Psych Central Library. Retrieved from https://psychcentral.com/lib/substance-abuse-the-power-of-acceptance/
7. Mattingly, Brent & Mcintyre, Kevin & Lewandowski Jr, Gary. (2020). Interpersonal Relationships and the Self-Concept. 10.1007/978-3-030-43747-3.

## 終章　開始另一場遊戲

1. Dima, Waleed & Al-Abdallah, Shadi & Abualjarayesh, Nada. (2018). Behavioral Biases and Investment Performance: Does Gender Matter? Evidence from Amman Stock Exchange.
2. Killingsworth MA, Gilbert DT. A wandering mind is an unhappy mind. Science. 2010 Nov 12;330(6006):932. doi: 10.1126/science.1192439. PMID: 21071660.

3. Gable, Shelly & Hopper, Elizabeth & Schooler, Jonathan. (2019). When the Muses Strike: Creative Ideas of Physicists and Writers Routinely Occur During Mind Wandering. Psychological Science. 30. 095679761882062. 10.1177/0956797618820626.
4. Killingsworth MA, Gilbert DT. A wandering mind is an unhappy mind. Science. 2010 Nov 12;330(6006):932. doi: 10.1126/science.1192439. PMID: 21071660.
5. Kane MJ, Gross GM, Chun CA, Smeekens BA, Meier ME, Silvia PJ, Kwapil TR. For Whom the Mind Wanders, and When, Varies Across Laboratory and Daily-Life Settings. Psychol Sci. 2017 Sep;28(9):1271-1289. doi: 10.1177/0956797617706086. Epub 2017 Jul 18. PMID: 28719760; PMCID: PMC5591044.
6. Lujan HL, DiCarlo SE. First-year medical students prefer multiple learning styles. Adv Physiol Educ. 2006 Mar;30(1):13-6. doi: 10.1152/advan.00045.2005. PMID: 16481603.
7. Andrade, J. (2010). What does doodling do? Applied Cognitive Psychology, 24(1), 100–106. https://doi.org/10.1002/acp.1561
8. Heekerens, J. B., & Eid, M. (2021). Inducing positive affect and positive future expectations using the best-possible-self intervention: A systematic review and meta-analysis. The Journal of Positive Psychology, 16(3), 322–347. https://doi.org/10.1080/17439760.2020.1716052
9. Dumas D, Dunbar KN. The Creative Stereotype Effect. PLoS One. 2016 Feb 10;11(2):e0142567. doi: 10.1371/journal.pone.0142567. PMID: 26863143; PMCID: PMC4749277.
10. Chip Heath , Dan Heath『Decisive: How to Make Better Choices in Life and Work』(2013)Currency
11. Denrell, Jerker & Fang, Christina & Liu, Chengwei. (2019). In Search of Behavioral Opportunities From Misattributions of Luck. Academy of Management Review. 44. 10.5465/amr.2017.0239.
12. Chengwei Liu『Luck: A Key Idea for Business and Society (Key Ideas in Business and Management)』Routledge(2019)
13. Bowker, J. C., Stotsky, M. T., & Etkin, R. G. (2017). How BIS/BAS and psycho-behavioral variables distinguish between social withdrawal subtypes during emerging adulthood. Personality and Individual Differences, 119, 283–288. https://doi.org/10.1016/j.paid.2017.07.043
14. Long, Christopher & Averill, James. (2003). Solitude: An Exploration of Benefits of Being Alone. Journal for the Theory of Social Behaviour. 33. 21 - 44. 10.1111/1468-5914.00204.

## 結語　將「運氣遊戲」切換到簡單模式

1. Dunning D, Heath C, Suls JM. Flawed Self-Assessment: Implications for Health, Education, and the Workplace. Psychol Sci Public Interest. 2004 Dec;5(3):69-106. doi: 10.1111/j.1529-1006.2004.00018.x. Epub 2004 Dec 1. PMID: 26158995.
2. Cooper, A.C., Woo, C.Y., & Dunkelberg, W.C. (1988). Entrepreneurs' perceived chances for success. Journal of Business Venturing, 3, 97-108.
3. ダニエル・カーネマン『ファスト&スロー』早川書房 (2012)

HEART
心|視野　心視野系列 136

# 好運方程式

## 運の方程式　チャンスを引き寄せ結果に結びつける科学的な方法

作　　　　者　鈴木祐
譯　　　　者　陳冠貴
封 面 設 計　張天薪
內 文 排 版　許貴華
行 銷 企 劃　蔡雨庭・黃安汝
出版一部總編輯　紀欣怡

出　版　者　采實文化事業股份有限公司
業 務 發 行　張世明・林踏欣・林坤蓉・王貞玉
國 際 版 權　施維真・劉靜茹
印 務 採 購　曾玉霞
會 計 行 政　李韶婉・許俽瑀・張婕莛
法 律 顧 問　第一國際法律事務所　余淑杏律師
電 子 信 箱　acme@acmebook.com.tw
采 實 官 網　www.acmebook.com.tw
采 實 臉 書　www.facebook.com/acmebook01

I S B N　978-626-349-594-4
定　　　價　380元
初 版 一 刷　2024年3月
劃 撥 帳 號　50148859
劃 撥 戶 名　采實文化事業股份有限公司
104台北市中山區南京東路二段95號9樓
電話：(02)2511-9798
傳真：(02)2571-3298

國家圖書館出版品預行編目資料

好運方程式 / 鈴木祐著 ; 陳冠貴譯 . -- 初版 . -- 臺北市 : 采實文化事業股份有限公司 , 2024.03
272 面 ; 14.8×21 公分 . -- ( 心視野系列 ; 136)
譯自 : 運の方程式 : チャンスを引き寄せ結果に結びつける科　的な方法
ISBN 978-626-349-594-4( 平裝 )
1.CST: 自我實現 2.CST: 成功法
177.2　113001517



采實出版集團
ACME PUBLISHING GROUP